FOCUSED

ビル・ベスウィック……著
石井源信＋加藤 久……監訳
BILL BESWICK

DEVELOP A WINNING MENTAL APPROACH

FOR

サッカーのメンタルトレーニング

SOCCER

大修館書店

Focused for soccer

Bill Beswick

TAISHUKAN PUBLISHING CO., Ltd., Tokyo, Japan 2004

推薦のことば

プロレベルであれ、国際レベルであれ、サッカーの指導経験を積めば積むほど、身体的パフォーマンスを左右するのは判断力と心構えだと思うようになっていった。私が関わっていたチーム、リーズ・ユナイテッドは、1993年にイングランド1部リーグで優勝した。もちろん身体能力の高い選手たちばかりであったが、もともと精神的に強い選手たちがメンタルマネジメントの手法をトレーニングしたことによってあの勝利がもたらされたと私は確信している。

後の1996年、私はダービー・カウンティーのジム・スミスが、スポーツ心理学者ビル・ベスウィックをチームのコーチングスタッフに招き入れたという前向きな話を聞き、とても嬉しく思った。イギリスユースチームと、アンダー21の監督をしていた私も、ビルの力を借りることにしたのである。

ビルと3年間共にチームを指導していて、スポーツ心理学は選手のみならずコーチのパフォーマンスをも向上させることを改めて認識させられた。選手の育成とコーチの指導を任せられているテクニカルディレクターの私にとって、待望のサッカーに関するスポーツ心理学の本である。本書によって選手やコーチの見識が広まることは間違いない。

ハワード・ウィルキンソン
FA　テクニカルディレクター

まえがき

私がスポーツ心理学者になろうと決めたのは、コモンウェルス選手権のバスケットボール準決勝終了直前だった。私が指導していたイングランドチームは、決勝進出、ひいては金メダル獲得を目指してホスト国ニュージーランドと対戦していた。

残り12秒の時点でイングランドは1点負けていた。ボールを支配したところで私はタイムアウトをとった。最低でも銀、できれば金を勝ち取る切符を得るためには、誰かが最後の〝一攫千金〟のシュートを打たなければならないことをコートから私の元へ戻ってくる5人全員がわかっていた。物凄いプレッシャーだ！

5人のうち3人は私と目を合わせることができなかった。キャプテンのポール・スティンプソンは、いつも通り責任が与えられればその任務を果たすという雰囲気を整えていた。しかし、私を驚かせたのはシュートを打たせて欲しいと自ら申し出たピーター・ジェレミックであった。その試合でピーターは11本のシュートのうち2本しか決めていなかった。しかし、彼の体から発せられた「いざ、男になる時が来た」という自信に溢れた声が私には聞こえたのである。

私はピーターにシュートを任せた。チームが彼に少し時間を与えた後、ピーターは残り2秒のところで16フィート（約5メートル）のジャンプショットを決めたのである。結局私たちは金メダルを手にすることができ、よいパフォーマンスを発揮するための心と気持の役割について私は大いに学んだのであった。あの時から私の関心は喜し悪しを指摘するコーチングから選手の心理的側面へ移っていったのである。

私はすぐにコンサルタントとしてのトレーニングを始め、自分自身のスポーツ経験、専門分野である心理学、そしてコーチングへの情熱をうまく統合させることができた。

コンサルタントとして私は多くのスポーツに関わっているが、ダービー・カウンティー・サッカークラブとイングランドユースチームでの経験によって、高いレベルにおけるサッカーの心理に関する専門性を身につけることができた。

イングランドではスポーツ心理学のコンサルタントはまだ珍しい存在である。そこで私は講演をしたり、記事を書いたりしてスポーツ心理学の浸透に時間をかけてきた。そのような活動をするなかで、選手やコーチたちの関心の高さは常々感じており、どんな本を読めばいいか尋ねられることも多かった。

パフォーマンスに影響する心理的、感情的要素への興味と理解を深めてもらうために本書をまとめてきたが、読み返してみると、私自身と私の仕事の歩みをそのまま表しているような気がする。私が学問として習ってきたことと実際の場面で何度も経験してきたことの中から、大切だと思う原理原則をできるだけ盛り込んでみた。また、分かりやすいように実際に行ったスポーツ心理学の手法を多く紹介している。

本書では、既に高いレベルに到達している選手やコーチたちが更に一歩踏み出し、サッカーの心理的、感情的次元をも取り入れていくことを敢えて求めている。コーチなら誰でも心理学的なことを指導に取り入れているだろう。しかしこの本を読めば、更に取り入れることや、専門家をチームに加えることのメリットに気づくはずだ。

自分のパフォーマンスをもっとコントロールできるようになりたい、そして自分の運命を自分で切り開きたいと思っている選手なら、ロンバルディコーチの言う〝実際の性格〟、つまり自分自身の心理状態を絶対に理解しておかなくてはならない。本書は選手がコントロール感に到達する手伝いをする—つまり、自分の心と体と気持ちが正しいときに正しいことを行っていると感じられるようになるのである。

本書の内容はサッカーに限定されているが、人間行動の原則は全てのスポーツに共通している。だから、サッカー以外のスポーツ選手にも参考になるだろう。

経歴、立場、スポーツに関係なく本書はあなたの興味を喚起し、刺激を与えるであろう。ここに書かれているアイディアや方法　—実際の心理学の基礎—　を取り入れることによって、あなたのパフォーマンスが向上することを願っている。

ビル・ベスウィック

目次

序章

完成されたサッカー選手

The Complete Soccer Player

選手を選手たらしめるのは心である。体はより速く走るため、より遠くへ飛ばすため、よりうまく戦うための道具に過ぎない。

……………………ブライス・コーティネイ

完成された選手であり、イギリス及びイタリアサッカー界のスター選手デビッド・プラットに、今までで最もよかったと思う瞬間を思い出してもらったところ、彼は2つの試合を挙げた。その2試合では心が体を完全に支配し、リラックスして完璧なプレイができたという。それらの試合では、ある重要な情報によって彼の心は前向きになっていたのである。

1つ目の試合は、デビッドの所属するアストン・ヴィラ対ミラノという対戦だった。その試合でいいプレイができたら、イタリアのクラブと契約できるかもしれないと試合前に聞かされていたのだ。2つ目の試合は、イングランド代表として国際試合に出場したときのものであった。監督グラハム・テイラーは、召集された代表チームのキャプテンに初めてデビッドを指名すると発表していたのだ。

選手として成熟していたデビッドは、これらの情報に動揺することなく心と気持をしっかりコントロールし、2つの素晴らしいパフォーマンスに結びつけたのである。しかし、責任やプレッシャーが加わることでパフォーマンスを低下させる選手はかなり多い。

この例からも、サッカーで優れたパフォーマンスを発揮するためには、正しい心理状態を保つこと、つまり、体のみならず心をコントロールできるようになることがいかに大切かがわかる。

現在のサッカー指導プログラムの多くは、圧倒的に――90％以上――身体面と技術面の上達に関する内容で占められている。心理面、あるいは感情面の事柄にふれているのは多くて10％程度だ。あらゆるレベルでサッカーに関わってきた私の経験から言えば、幸か不幸か、90％を占める身体面と技術面は、10％の心理面に左右されるのだ。したがって、完成された選手とは、身体面と心理面の向上を追い求め、それらの統合方法を学ぶことでポジティブな効果を得ようとする者のことである。――「まず頭で考え、それから心で……」。

サッカーで要求される事柄

Demands of Soccer

サッカーで求められる大切な事柄を**表1**にリストアップした。選手はそれぞれの内容が心理的であるか身体的であるか、あるいは両方の要素を兼ね備えているかを考え、チェックしてみるといいだろう。答えに正解、不正解があるわけではない。**表1**はテストではなく、練習問題のようなものである。実際にチェックをつけてみると、サッカーで必要とされる多くの事柄がいかに心理的であるかに驚くだろう。

ここで言いたいのは、サッカーの上達を追い求める旅――個人としても、チームの一員としても――には、試合で求められる身体的、技術的要素だけでなく、心理的要素を高めるトレーニングも取り入れなければならないということである。サッカーに必要な多くの要素を兼ね備えるためには心と体を調和させることが必要であり、本書は心と体のつながりを高めるサッカーの練習方法を提唱している。

試合と同じ状況を再現するための身体練習を導入している思慮深いコーチなら、試合に伴う心理的、感情的要素についても指導しているだろう。—ただ動きの練習としてだけペナル

表1　サッカーに必要な事柄

左の列に挙げられているサッカーに必要な鍵となる事柄が身体的であるか、心理的であるか、あるいは両方の要素を含むかを考え、右の欄にチェックせよ。

必要な事柄	身体的	心理的	両方
頑張ろうとする力			
持久力と爆発的エネルギー			
向上し続けることへのコミットメント			
競争力			
けがに対する恐怖心の克服			
責任を果たそうとする気持			
集中力			
“白熱した闘い”での平常心			
チームの一員として行動する			
批判に耐えようとする気持			
成功や失敗への対処			
高い戦術意識			
正しい判断をする“知性”			

ティーキックを何本も打たせてみたところであまり意味がない。

完成されたパフォーマンスへの5つのステップ

Five Steps to Complete Performance

図1は、卓越したパフォーマンスへ至る基礎を築くために、コーチや選手が登って行かなくてはならないステップを大まかに表示したものである。

図1には次の事柄を追加してもよい。

●完成されたパフォーマンスは多面的である――選手を分解することはできない。
●完成されたパフォーマンスは選手の年齢と性別に関係している。
●完成されたパフォーマンスというものは常に進化している。世界で最も有名なサッカーチームの1つ、オランダのアヤックスは、テクニック（Technique）、インテリジェンス（Intelligence）、パーソナリティー（Personality）、スピード（Speed）の頭文字からＴＩＰＳと呼ばれるシステムを用いて若い選手たちの評価を行っている。ユースチームの監督は最近の学会で、8歳の段階では選手を選ぶ際にスピードとテクニックが80％の割合で考慮されると述べている。しかし、18歳になるとセレクトに80％影響するのは選手のインテリジェンスとパーソナリティーだという。チームが求める完成された選手というのは常に進化していくのだ。

●パフォーマンスの問題はあらゆる原因で発生する。問題を解決するために選手やコーチは身体的、技術的評価だけでなく、その根底にある心理的、感情的あるいは生活面での事柄をも調べなくてはならない。

●そのような分析が自分ではできないと感じたら、コーチや選手は専門家の助けを借りるとよいだろう。科学者と話をする選手やコーチが最近増えており、そのような選手やコーチの多くは、**図2**で示したように自分たちが多角的サポートチームの中心に位置していることを自覚しているだろう。

●完璧なプロフィールを兼ね備えた選手など存在しない。したがって、選手は自分の個性を自覚し、それをよい方向に伸ばす方法を学ぶために、コーチやサポートチームと

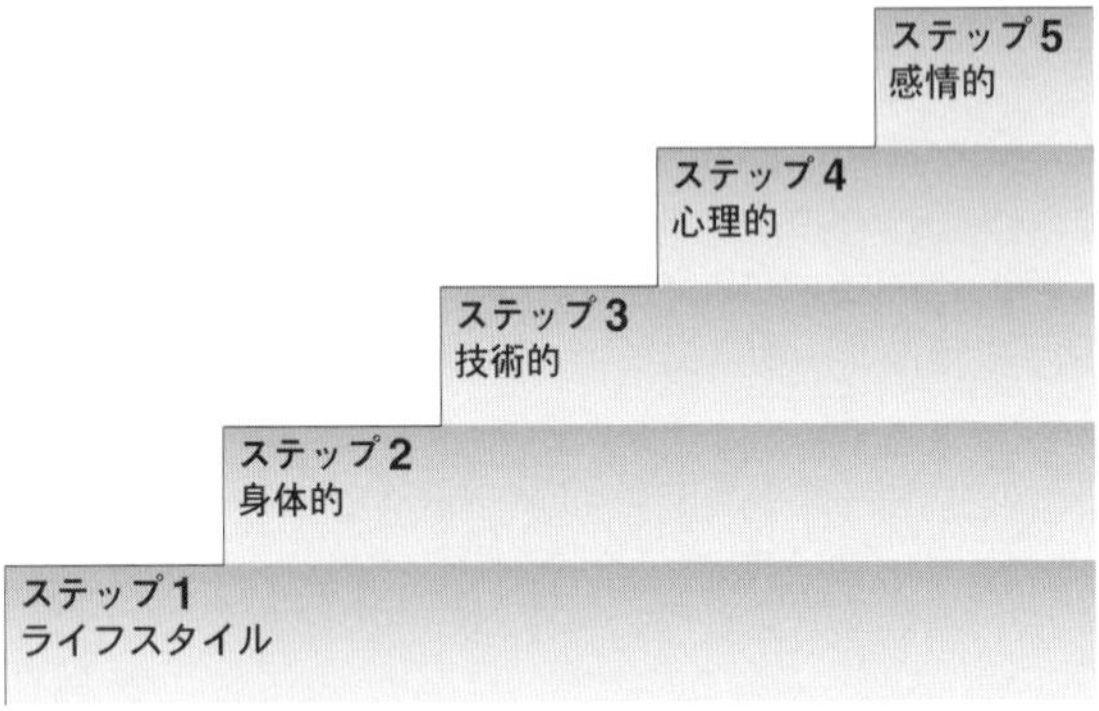

図1 完成されたパフォーマンスへの５つのステップ

協力して努力すべきである。

●よいチームを作る秘訣は、たくさんある長所をうまくブレンドすることであろう。ブラジルには「偉大なチームにはピアノを運べる力持ちが必要だ」という諺があるが、賢明なイギリス人コーチ、デビッド・セックストンは、「兵士と芸術家がバランスよく存在している」のが優れたサッカーチームだとまとめている。

●完成されたパフォーマンスを追求するという作業は、個々の選手の状態に常に影響されるだろう。あるクラブで1人の選手の状態をよくしようとあれこれ手を尽くしたがうまくいかず、万策尽き果てた私がたどり着いた結論は、新しいクラブにその選手を移籍させるということであった。環境の変

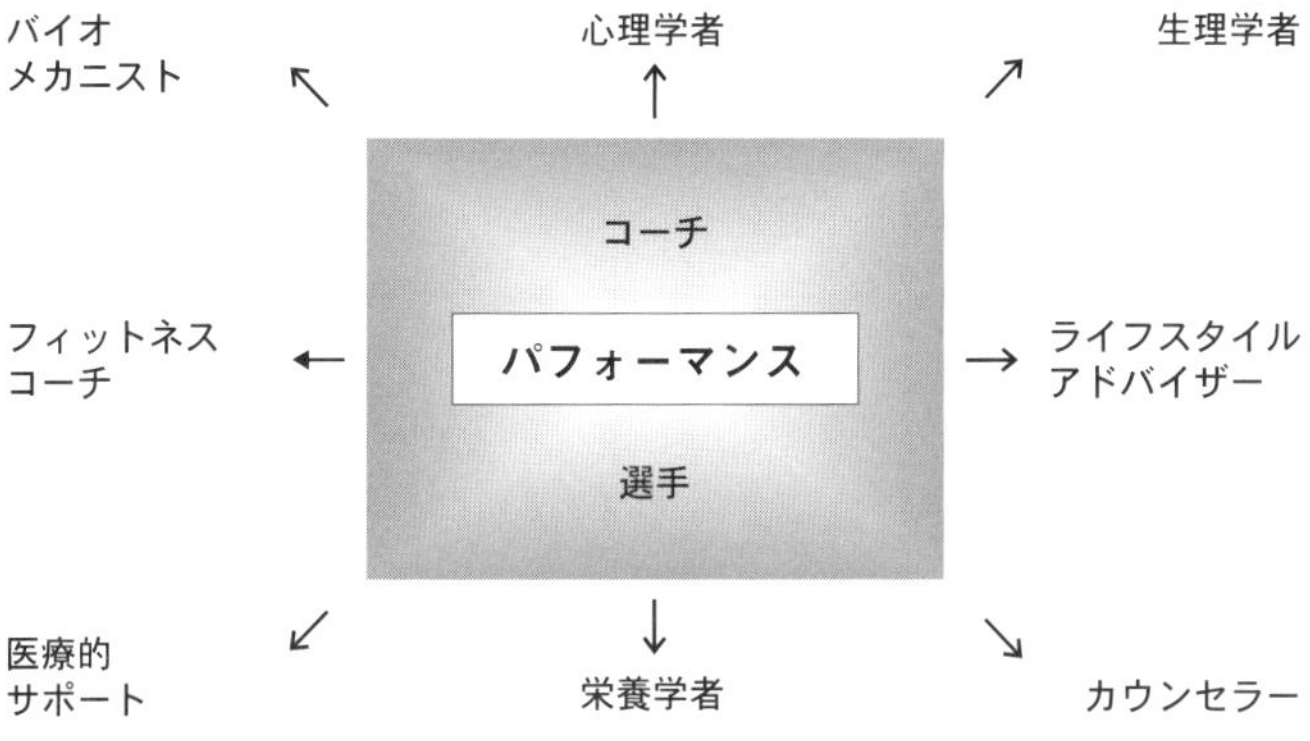

図2 選手とコーチたちは多角的サポートチームの中心に位置する

化そのものが向上へのきっかけとなることもよくある。

イングランドプレミアリーグのダービー・カウンティーで監督をしていたジム・スミスが移籍を拒んでいた2人の選手にてこずっていたとき、私はジムにヘミングウェイの言葉を引用して伝えた。「負け犬が吠えてもキャラバンは先へ進まねばならぬ」。ジムにも選手たちにも真意は伝わった！

試合における心理面の重要性を認識する

Recognizing the Importance of the Mental Game

全てのサッカー選手と選手を指導しているコーチたちの目標は、身体的、技術的潜在能力を最大限に引き出す健康的なライフスタイルと、優れた心理的、感情的心構えを身につけることであろう。

このコンセプトは、壁に貼られた「才能があったからここに来ることができた。しかし、残れるかどうかは性格にかかっている」という言葉で、初めてイングランドユースチームに選ばれた若い選手たちに伝えられた。

イングランドチームのスタッフは、パフォーマンスに影響する心理的、感情的、及び生活習慣的側面を認識させることでより完成された試合をするようにシーズンを通して選手を促し続けたのである。ラヴィッザ&ハンソン（1995）の野球選手を対象とした研究はこの目標が理にかなっていることを裏づけている。

持っている能力を最大に発揮したのは、試合における心理状態の重要性を認識し、自分の心理的スキルを向上させようと努力した選手であった。これらの選手が成功を収めた理由の1つは、彼らの適応能力である。このような選手たちは、調子がいいとは思えないようなときでさえ、常にベストかベストに近い状態でプレイすることができた。残念なことに、ほとんどの選手は試合での心理状態を偶然の産物であるとみなし、強い心を保つ能力を身につけることなどできないと思っているのである。

卓越性への旅路

Journey to Excellence

心理的にも感情的にも強くなり、さらに上のライフスタイルを送るための闘いの中で、本当の敵となるのはあなた自身であるというメッセージを本書では繰り返し述べることになる。まさに、あなた対あなたの戦いである。

選手やコーチがそう思えるようになれば、本書はより完成されたパフォーマンスに到達するための参考書になるであろう。しっかりとした心理的、感情的ゲームプランを立てるには何が必要か（身体的、技術的、そしてライフスタイルに関する問題は他のテキストに任せるとして）、どうすればそれを身につけられるかを本書では説明していく。優れた身体能力に心理的、感情的スキルを調和させて成功を収めたリー・カースレイ選手の事例などを挙げながらその方法を示したい。

選手によって長所と短所が異なるので、全てのアドバイスが各選手のスタイルに合うとは限らない。しかし、レベルアップするために選手各自がアクションプランを立てるのがよいということはほとんどの場合にあてはまるだろう。また、身体的であれ、心理的であれ、どんなスキルでも身につけるには多くの時間と努力が必要だということも忘れてはならない。ビル・パーセルズ（1995）の「達成への道は反復によって舗装される」という言葉が思い出される。

だから、この本を読み進みながら学び、実行してみて、自分に合うものを見つけて欲しい。そして、本当の敵は自分自身だということ、つまり、完成されたサッカー選手になるための改革は自分しかできないということを決して忘れないで欲しい。

COLUMN

●完成されたサッカー選手になったリー・カースレイ

私がダービー・カウンティーにスポーツ心理学者として仲間入りしたとき、コーチからすぐに紹介されたのが、本来の実力を全く出せずにいた才能溢れる若き選手、リー・カースレイであった。面接やちょっとしたときに話をしたりすることで彼は私を信用してくれるようになり、パフォーマンスを低下させる原因となっていた彼の心理的、感情的問題を明らかにすることができた。その問題とは次のようなものであった。

1. リーは、心の奥底では自信を持つことができずに、そのことがマイナスの行動となって現れていた。そのような行動が「どうでもいい」と思っているような印象を与え、コーチや他の選手たちにやる気がないと感じさせたり、信頼できないと思わせたりしていた。

2. リーは自分の失敗をうまく処理できなかった。ミスを相当気にするので、パフォーマンス全体が瞬時に悪くなった。

そこでリーと私は、リーの自信を回復させ、彼に対するコーチングスタッフの認識を変えるための心理的、感情的ゲームプランを立てた。このプランには、次のようなシンプルだが大切な行動の改善点が含まれていた。

●自分の外見にもっと気を使い、プロ選手に見えるよう努力する――〝見栄えよく、感じよく、動きよく〟。

●練習開始前にグラウンドに行き、真っ先にフィールドに飛び出すなどして、やる気があることをもっとアピールする。

●集中力を高め、ミスの数を減らし、学習意欲を高め、練習態度を向上させるなどして、自分に高い基準を課す。

●感情をコントロールして平静を保つためのリカバリースキルを学ぶことで、ミスや批判にうまく対処できるようにする。

意欲的な選手リーは、アクションプランを立てた途端にガラリと変わった。コーチたちの信頼を回復させただけでなく、もっと重要なのは、自分のことをよりプラスに捉え、より強く信じられるようになったことである。まもなく、リーはダービー・カウンティーサッカークラブ1軍のキーメンバーとなり、その後キャプテンを務めた。後に彼はアイルランド共和国の代表選手に選ばれ、最終的には高い移籍金と共にブラックバーン・ロバースに移った—完成されたサッカー選手に成長したと認められたのである！

サッカー選手にとって最も大切なもの

高校サッカーの名門校、東京の帝京高校の古沼貞雄監督がこんなことを言っていました。

「2002日韓ワールドカップの前後に、日本代表、鹿島アントラーズの中田浩二（帝京高校出身）のことで何度もインタビューを受けたんです。彼は、技術的にも、体力的にも特に優れた選手ではなかったんです。でも、彼には頭とハートがあった。彼が日本代表になれたのはそこがあったからですよ」

才能のある選手を発掘し、その選手によい環境を与えていくことは、チーム強化を促進するための根幹ですが、いわゆる選手のセレクションを行う段階で、選手の〝何を〟見るかを吟味しておくことは、非常に重要なポイントです。

オランダの強豪チーム、アヤックスでは、8歳の段階ではスピードとテクニックを重視しますが、18歳の段階になるとインテリジェンス（Intelligence）とパーソナリティー（Personality）を選手選考の要点としているようです。

オランダのアヤックスでいう〝インテリジェンス〟と〝パーソナリティー〟は、古沼監督が言われた〝頭〟と〝ハート〟にぴたりと重なります。

「選手を評価するときに、**よく見ないと見えないもの**をいかによく見るかが肝心なんですよ」

コーチングの現場では体力や技術の向上に、90パーセントあるいはそれ以上の関心が向けられているという本書の指摘は、日本でも同様なのではないかと思われます。

よく見ないと見えないものとは、英語でいうメンタル（Mental）エモーショナル（Emotional）ですが、こうした要素で決定される最も目につきやすいものは、ライフスタイル（Lifestyle）です。私は、その選手が日常的にどのような生活を送っているか、これが最終的にその選手の将来を決定する重要な要素であると思っています。ライフスタイルとは、自分がどのような環境に身を置くかということと、その環境の中でどのような行動をとるかという2つの面が考えられます。後者の要素は、セルフコントロールの要素と呼べますが、これがサッカー選手の成長にとって非常に大切なのです。

セルフコントロールとは、まさにメンタルな力であり、本書はそのメンタルな力とは何か、そしてそれをいかに獲得していくかを学ぶことができます。

第1章

心理的プロフィール

Psychological Profile—Player Assessment and Plan of Action

●

選手の評価とアクションプラン

© STUDIO AUPA

我々が征服するのは山ではなく我々自身だ。

……………エベレスト世界初登頂を果たしたサー・エドモンド・ヒラリー

コーチに実行して欲しいと思う課題の1つは、完璧なゲームをイメージして、それを説明するということである。いいコーチであれば、必要だと思う身体的、技術的、そして戦術的側面をすぐに挙げるだろう。しかし、厳しい闘いの経験が豊富な最高のコーチは、勝つ心構えというコンセプトにまで言及するに違いない。彼らは、心理的にも感情的にも準備ができているチームが勝つ試合は、緊迫したいいゲームになることを何度も見てきたからだ。

面白いことに、これまでのベストパフォーマンスについて選手に尋ねると、そのときの考えや気持に関する答えが返ってくることがはるかに多い。不安を乗り越えたことで自信が内から湧き上がってきて、それがこれまでしたことのないいいプレイを引き出したと振り返る選手が多いのである。

完璧な選手

The Perfect Player

完璧な選手など実際はいないのだが、自分たちの最終目標を考えてから、「完璧な選手ならサッカーフィールドで発生する多くの困難な状況をどう乗り切るだろう?」と問いかけてみることは選手にとってもコーチにとってもプラスになる。

ミラー(1997)は、これをオリンピックに備えてトレーニングをしていた女子ホッケーチームに行わせ、その結果を報告している。選手たちはいくつかのグループに分かれて、仮想した状況下で練習し、完璧な選手ならどう反応するかを考えたのである。

表1・1はそれと同じ練習をサッカーに置き換えたものであるが、完璧な選手は自分の身体的、技術的スキルにマッチした心理的、感情的スキルを持ち合わせていることがわかる。答えに正解、不正解はないけれども、選手たちの反応はコーチたちとの有意義なミーティングにつながるだろう。

パフォーマンスの問題

Performance Problems

序章で述べたように、パフォーマンスの問題は身体的、技術的、戦術的、心理的、感情的、あるいは不適切な生活といった様々な原因で起こり得る。パフォーマンスが低下したとき、昔は選手もコーチも身体的、技術的、そして戦術的事柄しか調べなかった。しかし現在では、心理的、感情的、そしてライフスタイルに関わる事柄などが影響している可能性もあると認識されている。ここで1つ注意しておきたいのは、体の異常や病気が原因で行動が悪化しているわけではないことを選手やコーチたちはまず確

表1.1　完璧なサッカー選手―文章を完成させよ

状況	完成された選手の反応は
一貫性のない判定	
不公平な批評	
サブに回される	
けがからの回復	
連敗	
ミスを犯す	
チームメイトがミスを犯す	
観客からのプレッシャー	
イエローカードを出される	
試合への出場停止	
負けている	
勝っている	
“大”試合への挑戦	
規律の“乱れ”	
相手からの威嚇	

認すべきだということである。心理的、感情的要素について考える前にしておくべき大切な仕事は、選手の身体的コンディションをチームドクターにきちんと確認しておくことだ。ここで紹介するローリー・デラップのケースは、身体を診断することの重要性を指摘している。

COLUMN

●ローリー・デラップによってパフォーマンスの問題は食事まで考慮しなければならないことがわかった

ダービー・カウンティーサッカークラブの若手選手、ローリー・デラップのケースは、パフォーマンスの問題は実に多角的であり、コーチは早計に判断せず慎重に調べる必要があることをよく表している。

ローリーのポジションはウィングバックで、持久力と爆発的エネルギーの両方を兼ね備えた高い身体能力が求められる。シーズン当初は素晴らしい動きをしていたにもかかわらず、ローリーのプレイは突如悪くなった。特に、試合の後半は彼のサポーティングランの回数と距離が極端に減少したのだ。

コーチたちは彼の自信喪失、能力の低下、戦術の理解不足、その他諸々の原因について1対1で話し合っていたが、私はローリーに彼自身の考えを聞いてみた。そこで浮かび上がってきたのは、わかりやすく、解決方法も簡単な食生活の問題だった。ローリーは最近クラブの寮を出て、初めて購入した家に住み始めていた。しかし、彼は料理が全くできなかったのだ！　食事の栄養が突然低下したのに伴って彼のパフォーマンスも悪くなった。彼はガス欠の状態で走っていたのである！　ローリーの母親に電話をするなど、食事に関していくつか改善させた結果、問題は自然に解決した。

選手を観察するうえで大切なのは、身体面、戦術面以外で選手のパフォーマンスを悪くしていると思われる原因を私がコーチたちに伝えることである。そのためには、練習場面と試合場面の両方で選手を観察する必要があるが、そこでボールを見ていない観客は私だけだろう。そして最も大切なことは、選手が自分の問題を私に話せるようなしっかりした信頼関係を築くことである。

パフォーマンスに問題が生じると、それが原因で気持が過敏になることが多い。選手もコーチも結論を急いではいけない。次のような質問に答えることで、問題の本質を見極めることができることもある。

Q1.　それは「できない」のか、「しない」のか？　もし前者であれば、問題は明らかに技術的なことである。もし後者なら、心構えの問題であろう。
Q2.　問題はいつ、どのように発生したのか？
Q3.　問題はパフォーマンスの1要素だけに起きているのか、いくつかのプレイにわたっているのか？
Q4.　その問題について選手はどう考え、どう思っているのか？
Q5.　問題はプレッシャーが原因で起きているのか？　練習ではできるのに、試合ではできない

ということはないか？

このように推論していくことで、ローリー・デラップの例のように、選手もコーチたちもより客観的に判断することができ、パフォーマンス悪化の原因を正確かつ早急に明らかにできるだろう。

当然のことながら、パフォーマンスの問題を理解するにはパフォーマンスそのものを理解しておかなければならない。そのスポーツのこと、そして選手やコーチたちが何を目標にしているかを知る努力をすべきだと私は若いスポーツ心理学者たちに常々力説している。

まだ経験の浅い1人の生徒を地元のセミプロクラブに観戦に行かせたことがある。試合の後でコーチが彼に意見を尋ねたところ、その生徒はなぜ10番の選手をハーフタイムで交代させなかったのかと率直に批判した。

「なぜそう思うのか？」とコーチは聞いた。

「彼は5回しかボールにタッチしなかった」とその生徒は答えた。

「だが彼は2回も得点したではないか」と言ってコーチは会話を打ち切ってしまった！

選手評価──心理的、感情的長所と短所

Player Assessment—Mental and Emotional Strengths and Weaknesses

より完成された選手になるための計画を立てる前に、選手は自分の現在の長所と短所を診断しておく

必要がある。そして改善のための優先順位を決め、コーチと協力して短期目標と長期目標を設定するのである。

選手の行動は、選手自身と選手を取り巻く状況の関数で決まるという考えが私の評価の基本である。したがってこのように表すことができる。

行動＝性格×環境

もし性格がポイントだとしたら、鍵となる質問は、「できない」のか「しない」のかであろう。前者はスキルの問題、後者は心構えの問題だ。もし環境が関係しているのなら、その状況に合うように選手が自分を変えられるか、選手に合うように我々が状況を変えられるかが問題となる。

ここで紹介する評価方法は簡単で早くできるため、テストには消極的なサッカー界にも受け入れてもらえるだろう。このような評価方法は主観的要素が強いので、答えの解釈には注意しなくてはならない。しかしながら、これまでの経験から判断すると、理論上の答えと実際のパフォーマンスはほぼ一致していると言える。ボッテリル＆パトリック（１９９６）は次のような言葉でそれを表している。

なんだかんだ言っても、結局のところ自分を一番理解しているのは自分だから、ここぞという場面での心理的スキル、気持の強さや限界に対する自己評価が改善点の優先順位を決める基本となるべきだし、その判断が結果的に最も的を得ていると思う。

このような評価を行うことがきっかけとなって、選手とコーチの会話が促進されるということも最後に付け加えておく。

◆三角法による評価

イングランドのアンダー18のスタッフに加わったとき、監督、ハワード・ウィルキンソンはトライアルに参加した大勢の候補選手の中から2、3人を選抜するのに苦労していた。それぞれの選手が推薦されて来ていたわけである。そこで私は三角法を用いて評価する、つまり、査定する人を3人に増やしてはどうかと提案した。その中にサッカー協会所属の地元コーチを必ず1人いれるようにして、1人の選手に対する3人のコーチの意見が一致したら妥当な評価がくだされている可能性が高いと考えてよいことになるだろう。

選手側からみても、自分たちのパフォーマンスに対する1人の意見には納得できないこともあるだろうが、3人の見解が一致していたなら納得せざるを得ないだろう。

◆ハードウェアとソフトウェアの評価

選手のパフォーマンスは身体的スキルと心理的スキルの組み合わせで決まる。これらのどちらが比較的強いか、あるいは弱いかを調べる簡単な方法を知りたがる選手やコーチもいる。身体的スキルと心理的スキルの両方を統合する必要性を説くため、私はよく選手をコンピュータに例える。身体的スキルはハードウェアで、心理的スキルはソフトウェアだ。パフォーマンスには当然両方が必要だ。しかし、有名なコンピュータ業界用語「屑を入れれば屑が出る」が物語るように、選手の内面的心理を向上させることは必要である。

図1・1は選手のハードウェアスキルとソフトウェアスキルの関係を図示したものである。コーチはそれぞれをレベル1（弱い）からレベル10（優れて

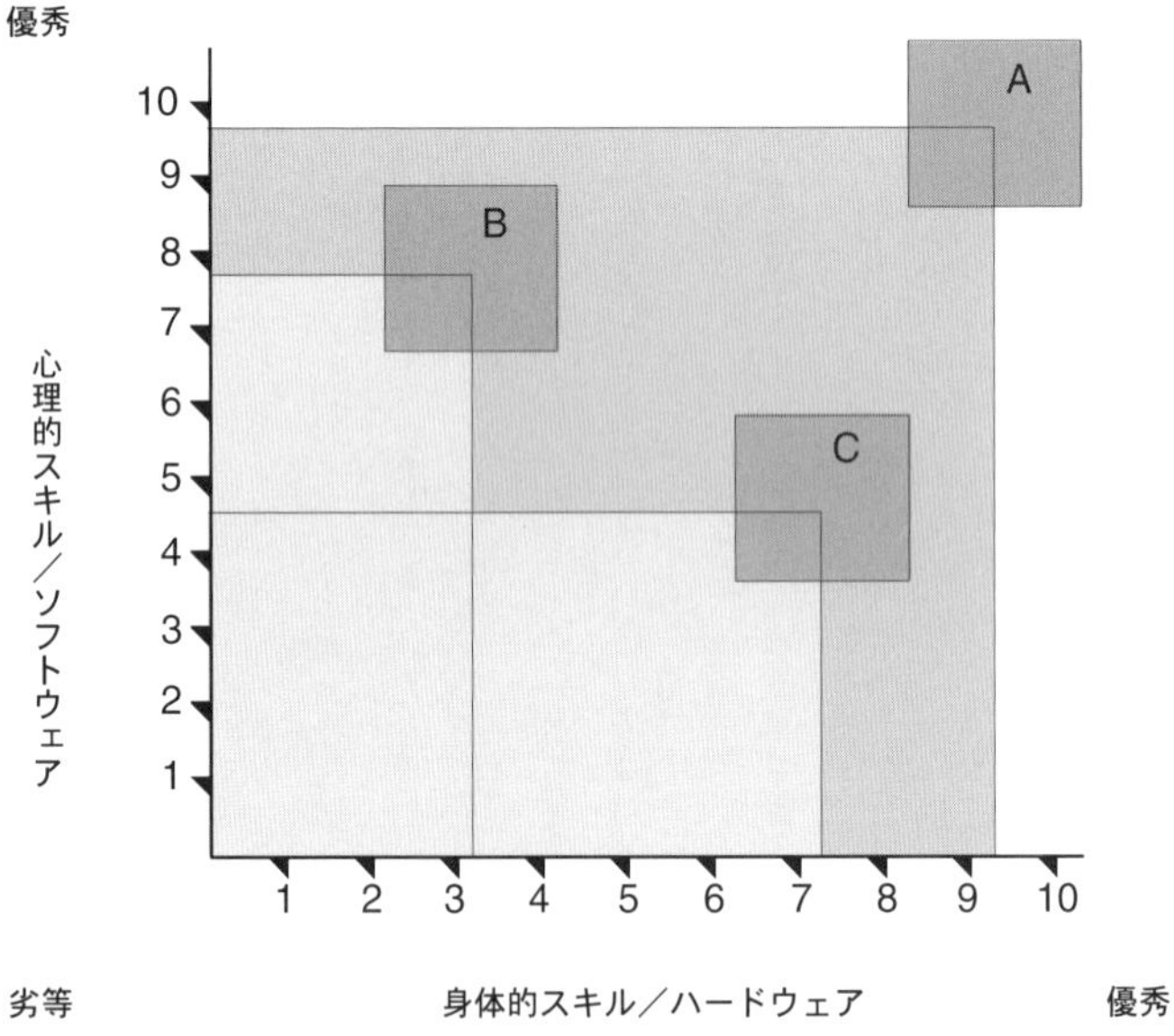

図1.1 選手のハードウェアスキルとソフトウェアスキルの関係。選手Aは顕著な弱点のない完全な選手。選手Bは心理的に強いが、身体的に弱点のある選手。選手Cは身体的に強いが、心理的に弱点を持つ選手。

いる）の間で評価してみるとよい。これが単純で大雑把な指針でしかないことは明らかだが、ここから得た情報を参考に、今後どちらに重点をおいてトレーニングすべきかを判断することはできるだろう。

◆完成された選手度評価

サッカーにおける完成されたパフォーマンスは多面的であるから、ある1つの領域に弱点があると全体のパフォーマンスも低下するということは最初に強調した。**表1・2**は、完成されたパフォーマンスに必要な5つの要素について、選手自身に自己評価させるためのものである。より正確性を高めるには、ここでもこの評価を行う選手とコーチの数を増やすことが必要だ。

最近の講演会で私は100人のコーチたちに、当時イングランドのナショナルチームでプレイしていたA選手とB選手の点数をつけさせてみた（**表1・2**に例示）。平均点から、A選手は完成されたプレイヤーであるが、感情的にかっとなりやすいことに注意しなければならないことが明らかとなった。選手Bは技術的には申し分ないが、全体として不完全であることがわかった。彼の場合、生活習慣の乱れが身体的、心理的、そして感情的不備につながっていたのかもしれない。卓越したテクニックを持っていたのでB選手は国際レベルまで登りつめたのであろうが、性格的な問題から国際レベルに留まることはできなかった。私たちが若い選手にぜひ伝えたいと思っているメッセージをこの話は如実に物語っている。つまり、才能は扉を開けてくれる。しかし、通してくれるのは内面の性格だということだ。

自分を改善するためのアクションプランを立てるには、選手は自分で自分を評価し、その結果をコーチによる評価と比較すべきである。もちろんこれは誰にでもあてはまる完璧な評価方法ではないので、選手やコーチは各要素の比重を変えてもよいし、選手の性格やポジションに応じてさらに詳しく結果を検討してもよいだろう。また、ライフスタイルに関する評価が事実よりも噂に影響されていないか慎重に判断すべきである。いずれにせよ、この評価を行うことでパフォーマンスに関係している要素への認識が高まり、トラブルに対して早めに警鐘を鳴らすことは間違いない。

◆勝つ心構えのプロフィール

私が関わってきたサッカー関係の多くのケーススタディーを振り返って、勝つ心構えともいうべき心理的、感情的スキルを映し出す鍵となる質問を24の項目にま

表1.2　完成された選手度評価法

それぞれのパフォーマンスの側面を1～10点で評定する。

パフォーマンスの側面	A選手	B選手	自己評価	コーチによる評価
身体的	9	6		
技術的	8	10		
心理的	9	6		
感情的	7	5		
ライフスタイル	9	4		
合計	42	31		

とめた。

繰り返しになるが、**表1・3**にまとめたこの質問紙は自分で評価することを前提に作られているが（コーチも自らの考えで評価してもよい）、長所と短所をかなり正確に浮き彫りにすると思われる。

この勝つ心構え評価についてより詳しく知りたいと思っている人のために記しておくと、これらの質問は自己概念、モチベーション、そしてメンタルタフネスという3つの鍵となる心理的領域を柱にまとめられている。この3つの柱を分けて集計することで、選手やコーチは各自の弱い部分をより正確に把握できるだろう。

各柱は次の質問で構成されている。

- **自己概念—質問3、4、9、10、15、16、18、19**
- **モチベーション—質問1、6、7、13、17、20、22、24**
- **メンタルタフネス—質問2、5、8、11、12、14、21、23**

当然、最も議論の対象となるべきなのは、選手による自己評価とコーチによる評価のずれである。

心理面、感情面を改善することの意味をリー・カースレイがいかにして知ったかを序章で述べた。リー選手の目を見張るような成長は、彼が「勝つ心構え質問紙」に回答し、自分の低い自己概念と乏しい感情コントロール能力をどう改善すべきかを私と話し合うようになってからすぐに始まったのである。最初の結果を**表1・4**に掲載してもよいと言ってくれたことからも、リー選手の自己概念が改善されたこ

表1.3 勝つ心構え－自己評価質問紙

以下は心理的スキルを記述した質問項目である。各質問項目を5段階で評価する。合計点の比較はチーム内でのみ有効である。より重要なのは、自己の弱い部分に気づくことである。

質問	あてはまらない				あてはまる
1.私は常に自分の能力に自信を持っている	1	2	3	4	5
2.困難に挑戦することは楽しい	1	2	3	4	5
3.私はベストを尽くしてプレイしている自分の姿を常に思い描く	1	2	3	4	5
4.私はよいことも悪いことも同じように捉えようとする	1	2	3	4	5
5.私は必ず努力し続ける	1	2	3	4	5
6.私には目標達成のために自分を犠牲にする覚悟がある	1	2	3	4	5
7.私は全ての練習と試合を楽しいと感じる	1	2	3	4	5
8.プレッシャーのもとでも私は常に落ち着いている	1	2	3	4	5
9.選手としての自分が好き	1	2	3	4	5
10.私は自分の強い所と弱い所を知っている	1	2	3	4	5
11.私はミスからうまく立ち直ることができる	1	2	3	4	5
12.妨害要素に動揺させられることはない	1	2	3	4	5
13.私は必要な努力は惜しまない	1	2	3	4	5
14.状況によってはリスクも冒す	1	2	3	4	5
15.私は適切なリラクセーションと回復方法を実践する	1	2	3	4	5
16.自分のためになる批評はプラスに利用する	1	2	3	4	5
17.苦しくなってもさらに頑張る	1	2	3	4	5
18.チームに貢献できることが嬉しい	1	2	3	4	5
19.私は試合中に悪いことは決して考えない	1	2	3	4	5
20.厳しい練習は自分にとって大切である	1	2	3	4	5
21.試合中逆転されても気持をうまく切り替えることができる	1	2	3	4	5
22.私は目標に到達するまで努力する	1	2	3	4	5
23.私は自分の行動には常に責任を持つ	1	2	3	4	5
24.最高の自分を出せるようにしなければならない	1	2	3	4	5

集計表	自己評価の合計	コーチによる評価の合計	チーム平均
全質問			
自己概念			
モチベーション			
メンタルタフネス			

表1.4 勝つ心構え―個人プロフィール

選手名：リー・カースレイ

心理面	選手の得点（最高40点）	コメント
自己概念 “選手としての自分をどう捉え、どう評価するか”	23	感心なことにあなたは自分の問題を認識しており、チームで最低点をつけている。コーチングスタッフはそれがあなたの成長の妨げになっているので、もっと自分のことをプラスに考えた方がよいと思っている。
モチベーション “必要な代償は払おうと思う気持”	35	高い得点はうまくプレイしたいと思うあなたの気持の現れだ。コーチングスタッフはあなたのパフォーマンスへのコミットメントとプライドも認めている。
メンタルタフネス “集中力の強さと持続性”	31	あなたは感情をうまくコントロールしてプレッシャーを処理することができないようである。情熱とやる気と平常心が混然一体となっている状態である。

選手のアクションプラン：鍵となるのは自分を信じること

1. あなたは自分のことをもっとプラスに捉え、周りからもプラスの影響を受ける環境に身を置くべきである。
2. 自信を高めるために、小さな、達成可能な今シーズンの目標を設定すべきである。また、それ以外の自信（例えば見栄えがいい、気分がいい、プレイがいい）を高めることも同様に重要だ。
3. 練習と練習に対するあなたの心構えは、自分自身の捉え方を変えるのにとても大切である。
4. 過ちを犯したり、感情的にコントロールを失ったとき、どうしてそうなったのか覚えておくようにし、二度とならないためのプランを考える。
5. 落ち込まない－ここに至るまでにかなりの上達をしてきたはずだ。今抱えているトラブルのほとんどは、経験によってのみ変えられる。
6. 相手を振りきったら、必ず(a)ペナルティーエリアに入り、(b)得点する、というコミットメントと信念を示す。
7. 忍耐強くなり、自分の選手としての経歴を長期的視野に立って考えるべきである。

とがよくわかる。

考える選手をつくる

Creating the Thinking Player

このような評価を行うことの大切な副産物は、選手が自分のパフォーマンスについて真剣に考え始め、身体的、心理的向上に主体的に取り組むようになることである。

そして、スポーツ心理学者がサッカークラブと関わることの利点の1つは、選手がさらに自らのパフォーマンスに関心を示すようになることだ。

1. 選手は自己表現を求められる—例えば、自分のパフォーマンスを判定したり、自分の長所と短所を評価したり、コーチや親の言うことをただ聞くのではなく、自分の心構えや感情について自分の言葉で表現したりする。
2. 選手は内省する。ビデオ分析やコーチからのコメントを参考に、選手は自分のパフォーマンスを思い返して、次のような質問を自分に問いかけるであろう。

●実際何が起きたのか?

●そのとき自分は何を考え、何を感じていたのか?

●その経験はどんなよい意味（悪い意味）を持つのか?

●他に取るべき方法はなかったか？
●もし同じことが起きたら、次はどうするか？
●もしこの行動を変えたいと思うなら、変えられるか？

すでに述べたように、優れた心理的、感情的スキルを獲得する闘いは自分対自分なのである。これらの評価を行うことで選手は自分と向き合わざるを得なくなり、進歩や変化は自らの責任で起こすものであることを嫌でも認識させられる。このプロセスを踏むことで選手の本質的モチベーションはかなり高まるだろう。選手は、コーチや親からうるさく言われるからではなく、自分自身のために上達したいと思うようになる。そしてその気持がメンタルタフネスへの旅路の大切な1歩となるのだ。

このプロセスは、ゴールキーパーやストライカーといった心理的、感情的ストレスに最も影響されやすいポジションの選手に特に大切となる。ゴールキーパーはピッチ上でごまかしがきかない──シュートを止めるか、止められないか。たとえキーパーの責任で得点されたのではなくても、ネットに入ったボールを拾い上げるのはキーパーだ。同じように、与えられたチャンスにストライカーが得点するか、ミスするかも一目瞭然である。このようなポジションの選手のストレス対処法として適当なのは、自己表現と内省であろう。

アクションプランの立案

より完成された選手やコーチになるためのアクションプランは、本書を手にしたときから始まる。そして、心理的、感情的長所と短所をこれらの簡便な評価方法を用いて測ることによって次へとつながるのである。

ここで理解しておいて欲しいのは、心理的スキルは魔法ではないということだ。また、心理的スキルは生まれながらに持っている人といない人がいると考えるのも間違いである。心理的スキルは、誰でも、いつでも、そしてどこでも学ぶことができる。しかし、身体的スキル同様、効果的に習得するには初期の正しい指導、反復練習、そして根気が必要となる。本書のねらいは、あなたのパフォーマンスに必要不可欠な心理的、感情的スキルに気づいてもらい、初期の正しい指導を提供するということである。

読み進むうちに、あなたの心理的スキルを高めるための多くの方法が提案されていることに気づくだろう。これらの提案をトレーニングやパフォーマンス哲学に取り入れるときは次の手順を踏むとよい。

●評価―本書で紹介した方法を用いて自分の弱点を把握する。

●目標設定―達成したいと思う内容を決め、そこに到達するまでの小さくて比較的クリアしやすい段階的ステップを明らかにする。

●イメージ―目標を達成している自分の姿と、達成したときの感覚をイメージする。バスで移動しているときのような団体行動をしていないときに行う。

●練習―そのイメージを実行に移す。「そうなったらこのような行動で反応する」ということを決めておく。自分のミスを許す。どんな習い事でもそうであるように、この場合も試行錯誤しながら進んでいくであろう。立ち直れるようになること自体大切なスキルである。選手はあらゆる生活場面で心理的スキルの練習をするとよい。例えば、交通渋滞に巻き込まれたときには、平静を保ったり、イライラする気持をコントロールしたりするための練習が、トレーニング中と同じようにできるのである。

●モニター―進歩の具合を常にチェックし、周りの人々のコメントに耳を貸す。周りは変化に気づいているだろうか？　自分のビデオを見てパフォーマンスがどうであるかをよく考える。

●自動化―大切な諺に「いざというとき習慣がものを言う」がある。あなたの新しいプラスの習慣として定着するまで繰り返し練習する。

●楽しむ―新しい行動はあなたの自信を高めてくれる。完成された選手に1歩近づいたことを楽しむことで自分を誉めてあげよう。

本書に掲載されている多くのケーススタディーをよく検討し、心理的スキルを身につけるためのシステムと照らし合わせることで、このプロセスに対する理解が深まり、馴染みやすくなるだろう。

身体的スキルの習得と心理的スキルの習得を統合する

心理的スキルの練習を選手が1人で行う場合もあるだろうが、心と体の結びつきが練習や試合でプラスに強化されれば、その方が有益であることは間違いない。アメリカ陸上チームと関わっていたジム・リアルドン（1992）は、スポーツ心理学チームの考えを次のように表している。

我々は、身体的トレーニングに心理的スキルのトレーニングが継続的に組み込まれている場合に最も効果的であると信じている。心理的スキル／能力をトレーニングに取り入れなければ、選手は様々なパフォーマンスの混乱にさらされるだろう。身体的には万全な選手が、心配事や自信のなさから自責の念に苦しみ、試合でもがいている姿を私たちは何度目撃したことだろう。

優れた方法が、素晴らしい成績を挙げているノース・カロライナ大学女子サッカー部のコーチ、アンソン・ドランスによって考案された。その方法は実にシンプルで、優秀な選手を選び、心理的に強くするというものだ。

それを達成するために、アンソンは心理的トレーニングプログラムを様々な身体的プログラムと統合させたのである。各練習ドリルが心理的強さをどう高め、身体的能力をどう強化するのかを評価したという。このことで身体的トレーニングの内容が激しく過酷なものになった。練習での集中力、厳しさ、熱意、競争欲、そして心理的タフさがチームの中で生き残り、成功するのに不可欠となったからである。ここでは「筋肉は脳の僕《しもべ》」であった。

このように身体的トレーニングと心理的トレーニングを統合させたことに加えて、常に最強の相手と戦うというポリシーによって、ノース・カロライナ大学の女子選手は自信に満ち、高い競争意識を持ち、大きな試合のストレスにもうまく対処できるようになったのである。コーチたちは、選手の心理的、感情的機能を高めるという方針を明確に打ち出し、練習や試合のあらゆる局面にそのための方法を組み込んだ。

身体的コンディションをうまく仕上げたのに、不適切な心理的準備によってその状態が損なわれたりしないよう、コーチングスタッフは可能な限り身体練習に心理的スキルトレーニングを組み込むべきであろう。**図1・2**は、その目標を達成するためのモデルを表している。例えば練習ドリルが3対1のボールキープだとしたら、コーチは選手のテクニックだけを強化するのではなく、ボールへの集中の切り替え、平静を保つこと（ディフェンダーのコントロール）、チャレンジ（難しいことへの挑戦）、コミュニケーション、ミスへの対処、そして向上心の持続といった大切なソフトウェア的メッセージをプログラムする機会としてもそのドリルを利用できる。

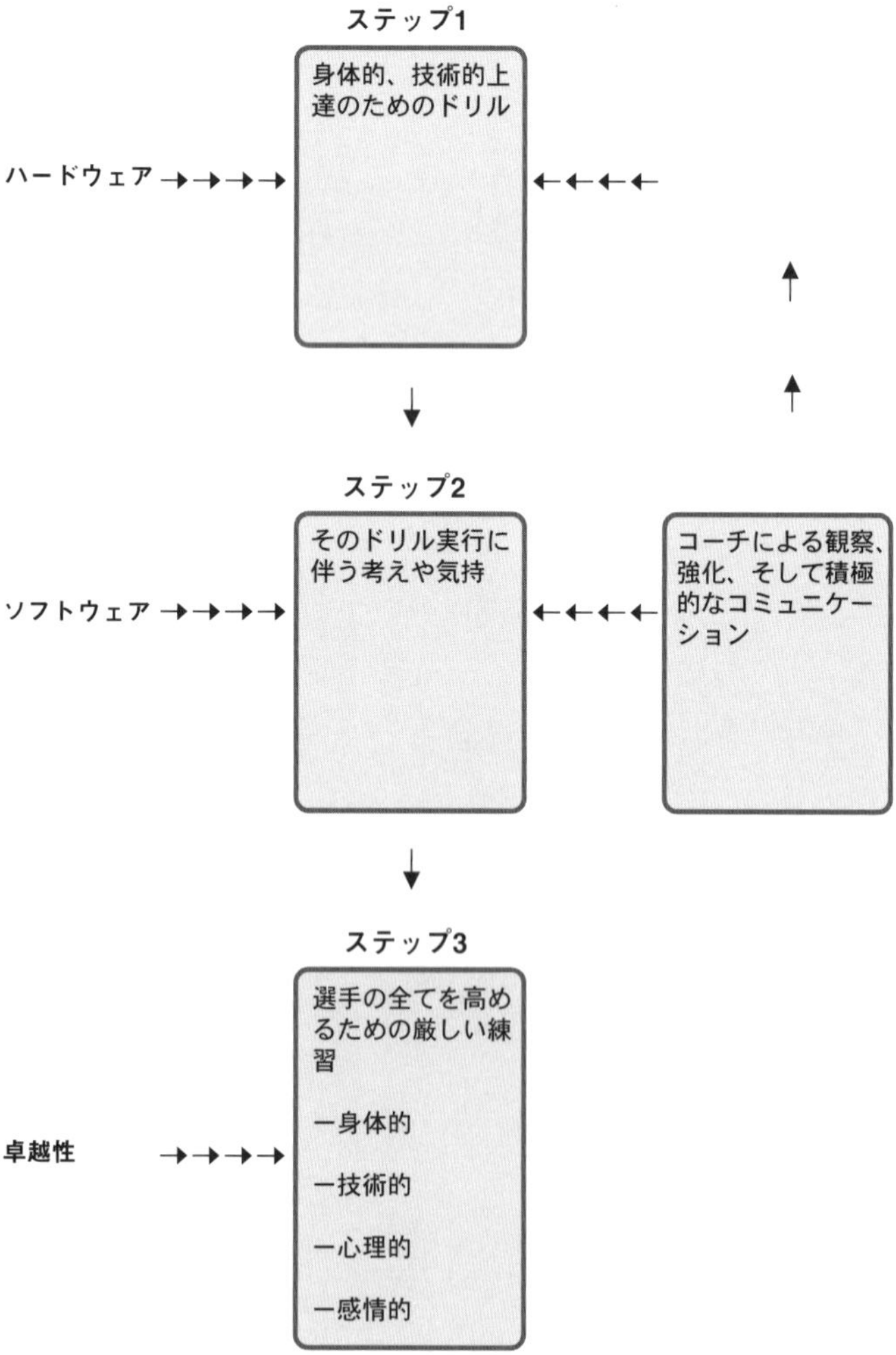

図1.2 パフォーマンスの身体面と心理面を統合した練習モデル

Summary まとめ

この章では、完成された選手には身体的、技術的能力に見合う心理的、感情的スキルが備わっていると提言した。その意味において、完成されていない選手の抱えるパフォーマンスのトラブルは、身体面、あるいは技術面が原因であると同じ確率で、心理面、感情面が原因であるとも考えられる。したがって選手やコーチは、長所と短所を正確かつ客観的なやり方で明らかにする方法を学ぶべきだろう。

この章では選手の心理的、感情的強さを測る簡便で信頼性のある方法をいくつか紹介した。これらの測定方法を用いることによって、少なくとも選手とコーチの間で有意義な話し合いがもたれることは間違いない。自分のパフォーマンスをあらゆる観点から向上させたいと思っている選手は、パフォーマンスをコントロールできるようになるため、自己表現と内省を行ってみることを勧めたい。

本章の最後では、選手とコーチに心理的、感情的スキルを高めるアクションプランの提案をした。身体的、技術的練習のあらゆる局面に心理的、感情的スキルを高めるトレーニングを組み込むのが理想的なモデルである。そうすれば、どんな練習も選手にとって最も包括的な学習体験となるであろう。

加藤 久のメンタルTips

試合とは精神的なゲームでもある。この準備が必要だ

大事な試合に向けて指導者は様々な準備をしますが、そのほとんどはフィジカル面でのコンディショニングと戦術的なリハーサルではないかと思われます。〝非常に重要な試合である〟そういうメッセージを選手に発しただけで、選手の緊張感は自ずと高まっていきますが、その高まる緊張感がパフォーマンスを阻害することがあるという点については、あまり多くの関心が払われているわけではありません。

シーズンオフが開けて、新しいシーズンへ向けての準備期には、体力的な負荷を高めていきます。十分に走り込んで体力的なベースが高まった段階で試合をすると、走り込みを行ったときとは違った疲労感を感じます。

〝筋肉は脳の奴隷である〟と言われますが、筋肉が勝手に動いているのではなく、脳から命令が出て神経を介して筋肉が動くわけですから、神経–筋のコーディネートがうまくいかないと、思うようなプレーができません。また、試合中は常に状況を〝判断〟しなければなりませんから、ここでも神経が稼動します。つまり、試合というのは筋肉だけでなく神経をフル稼働させる作業なのです。この神経に対する過大な負荷がパフォーマンスを低下させる大きな要因だと思われます。

また、選手は対戦チームやその選手に対して〝自分はこの相手にはこれくらいのことができそうだ〟という予測を立てます。さらに、勝敗というのは常に不確定な要素ですから〝今日の試合は勝てるだろうか〟〝相手は強そうだな、でも負けないぞ〟などと心理的な葛藤を繰り返します。このような心理ゲームに対して、我々は多くの準備をしていないのです。

私が日本代表選手だった1985年に、メキシコワールドカップのアジア最終予選が行われました。対戦相手は日本の永遠のライバル韓国です。日韓戦、しかもこのホーム&アウェーに勝利した方がワールドカップ本大会へ出場できるというまさに雌雄を決する試合でした。

都内のホテルから試合会場の国立競技場に向かうバスの中は、今考えればピーンと張り詰めた空気に包まれていました。誰も口を開かず、ロッカールームもいつもの試合とは雰囲気が違っていました。入れ込み過ぎていたのです。しかし、誰もこの状態に気づいてはいませんでした。

このときに、もう少し客観的にチームや選手の状況を見る人がいたなら。勝負の世界に〝もし〟という言葉はありませんが、今でも悔しい思いは消えません。

第2章 自信

Confidence—Positive Mental Energy to Perform and Persist

●●
優れたパフォーマンスを
発揮し続けるための
ポジティブな心理的エネルギー

© STUDIO AUPA

ピッチに歩いて向かう選手もいれば走って行く選手もいる。しかし、ポール・ミューレイは意欲満々でいかにも嬉しそうにフィールドに突進して行ったものだ。なぜそうするのか尋ねたところ、ポールはこれまで生きてきた中でピッチにいるときが最も幸せだからと答えた！　同じカーライズ・ユナイテッドに所属する若い補欠選手、リー・ディクソンが試合に出場する準備ができているか聞かれたときの彼の頼もしい返事はこうであった。「監督、私は生まれたときから準備ＯＫさ！」。

このような自信―サッカーにおける幾多の困難をうまく処理できると思う若者の信念―を、瓶に詰めて保存できたらどんなによいだろう。ジュニア、シニア、そして国際レベルの選手たちと関わるにつれ、サッカーとは常に選手の自信を傷つける競技だと痛感させられてきた。そして、いいパフォーマンスの核心となるのも自信だということがわかってきた。

図２・１は、選手やコーチたちが日常的に直面する様々な自信低下の要素を示している。私の最大の目標は、選手、コーチ、そしてチームに高いパフォーマンスレベルを常に引き出してくれる自信を持たせ、避けがたいパフォーマンスの低下を少しでも食い止める力を与えることだ。

できると思う人ができるのである。

……………………バージル

敗戦のショックから立ち直ることができるということは自信を持つために不可欠な要素の1つである。ダービー・カウンティーが過去3シーズンにおいて3連敗以上しなかったという比較的よい成績が収められたのは、この能力によるところが大きかったと言えよう。

自信は自ら選択するもの

Confidence Is a Choice

より完成された選手を目指す旅路は、自信を築き上げ、後退しても自信のレベルを保つ方法を学ぶことから始まる。選手やコーチたちがプレッシャーを感じると言っているときは、本当はその状況にうまく対処する自信がないことを語っているのだ。自信があるときはうまくいくと思うことができる。本書で紹介した心理的ゲームプランを立てるといった新

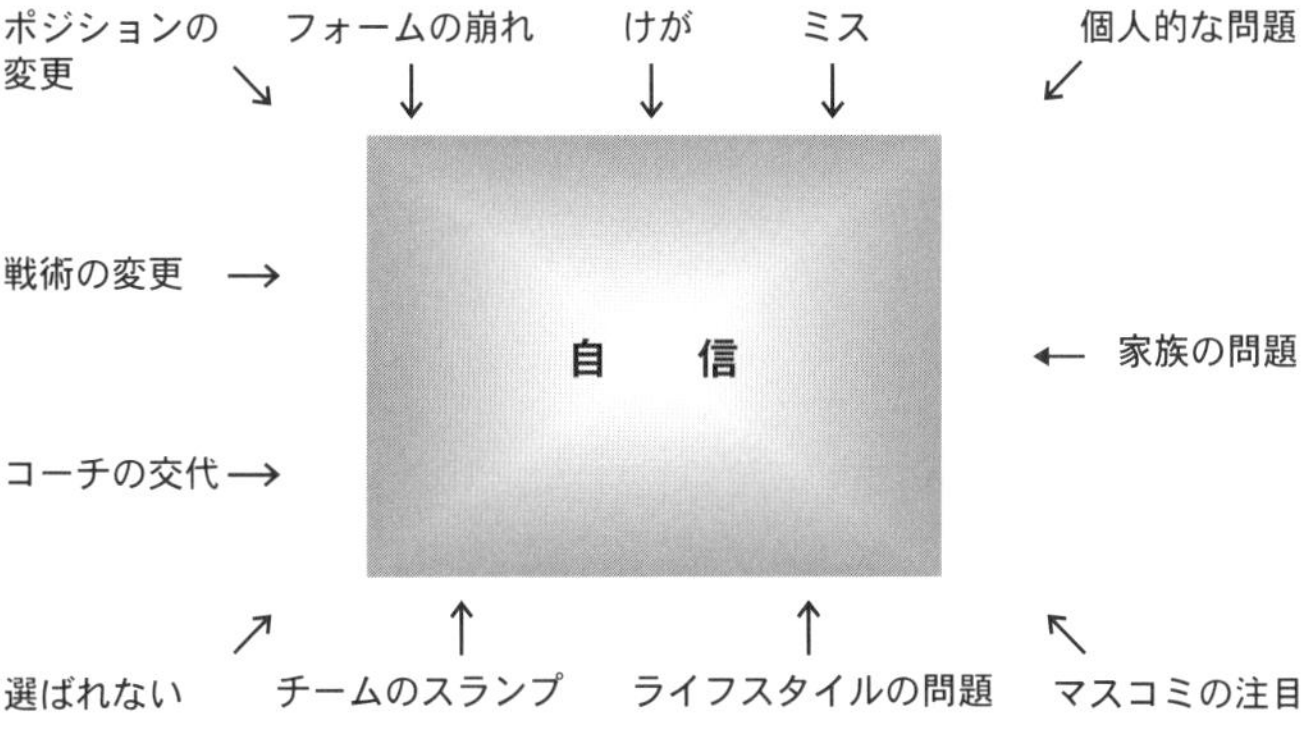

図2.1 選手とコーチの自信を低下させる状況

しいことも、自信があれば難しい課題と捉えるのではなく挑戦と受け取めることができる。

しかし、自信は選ぶものである—自信が持てるようになるには、そうなることを選ばなくてはならない。私が子供たちに話をするときは、両肩に1羽ずつ止まっている2羽のオウムを例にして（演技さえして！）このことを説明する。1羽はプラス思考のオウムで、「君ならできる」と言いながら選手にチャレンジすることを常に勧めている。もう1羽はマイナス思考のオウムで、「君にはできっこない」と絶え間なく選手に忠告している。どちらのオウムの言うことを聞くか決断しよう。

毎日選択を迫られることもあるだろうが、1度選んだら自分の行動に責任を持たなくてはならない。よい選手は、成功や失敗に自分がどう関与したかを考えることで強い内面的自信を築き上げる。他の人や他の物のせいにする—不安であるしるし—のではなく、自分の行動に責任を持ち、悪かった点を自信低下の原因となる失敗ではなく習得過程の1段階だと考えるのだ。

ある偉大なバスケットボール選手を思い出す。1点差で負けていて、残り時間もほとんどない状況で、彼はファウルショットを2本ミスした。彼のチームは結局全国優勝を逃したのである。インタビューを受けたとき、彼は真っ先に自分の責任について言及し、「スポーツではヒーローになるときもあれば、負け犬になるときもある。今日の僕は負け犬だったけど、明日は絶対ヒーローになってみせる」と述べた。

このような考え方をする選手は失敗を素直に受け取められるので、自信にダメージを与え続けるようなことにはならない—選手は自分のことを素晴らしい選手だと思っていられるのである。
同じように、チャンスにゴールできなかった選手に最も必要な自己暗示のフレーズは「**次は決めてやる**」である。この言葉を失敗直後につぶやくことで、次にシュートを打つときに自信が揺らぐのを防ぐことができる。

自信の特徴
Characteristics of Confidence

よい代表チームを作り上げる鍵の1つは、選手が国際試合で求められる能力を持っているか、素早く判断できるかどうかである。身体的能力を判断するのは心理的能力を判断するより簡単だ。だからコーチングスタッフは、代表レベルでもうまくプレイする自信があることを示す選手の言動に注意を払うであろう。

自信のある選手はそのメッセージを次のように表す。

- ●強い信念を持っている—「絶対できる」という態度。
- ●プラスのイメージを表現—常に前向きのボディーランゲージを発する。
- ●試合を楽しみ、笑顔を見せる。
- ●失敗や結果を必要以上に心配しない。

●自立しており、人のせいにしようとしない。
●冷静で落ち着いていて、自己コントロールがしっかりできている。
●自分自身や他の人たちに対して励ますような、前向きな話し方をする。
●練習でも試合でもよく集中している。
●無理をして他人によい印象を与えようとしない。
●自分の強さと弱さを理解したうえで、自分を受け入れている。

これらの態度は、サッカーにおける様々な困難に対応できると思う選手の自信を反映している。そしてこの自信がプラスの連鎖反応を引き起こし、高いレベルのエネルギー――つまり、よいパフォーマンスの燃料――をもたらすのである。**表2・1**は自信とプラスのエネルギーの関係を示している。ここから、選手の心理状態と自信は優れたパフォーマンスを発揮するために極めて重要であることがわかる。

私は、練習中適当に自由に動き回り、選手のボディーランゲージ、コメント、パフォーマンスなどを観察して選手の大まかな自信のレベルを判断し、その情報を伝えるという方法でコーチに力を貸している。以前練習の後でスティーブ・マクラーレン監督に、ダービーというチームではスターだったイタリア出身のステファノ・エラーニオの元気が少しないようだと報告したことがある。監督はその夜彼を自宅に呼んだ。エラーニオはそれを嬉しく思い、2時間監督と話をしたことで気持が晴れたという。

自信を築き上げるステップ

Steps to Building Confidence

自信を築き上げていくことは毎日の課題であるが、選手は自分に合ったいくつかの鍵となるステップを考えておく必要がある。

◆試合を諦めない

スコットランドの有名なレーシングドライバー、ジャッキー・スチュアートがテレビの取材を自宅で受けていたとき、彼が獲得したいくつものトロフィーの中からたった1つだけとってあったことに視聴者はすぐ気がついた。ジャッキーの説明によれば、それは若い頃とても貴重な教訓を与えてくれたレースでもらったトロフィーだという。あと6周という時点で7位だった彼は、レースを諦め、流して

表2.1 自信とエネルギーの関係

	選手A	選手B
心構え	自信あり	自信欠如
感情	興奮、活発	不安、イライラ
エネルギー	ポジティブ	ネガティブ
パフォーマンス予測	成功	失敗

いたのだ。レースの終盤、彼の前を走っていた6台全てがミスをしたりトラブルを起こしたりして脱落していった。そのときジャッキーは、試合を最後まで諦めずに、できるだけ長く、できるだけ一生懸命闘っていれば、棚ぼた式の優勝ではなく、実力で勝てたかもしれないということを学んだのだ。

経験によって自信はつけられる。過去にそこにいたことがあり、どんなことが起こるかわかっている選手が一番冴えたプレイをする。ハイレベルな環境で通用する自信をつけるために必要な経験の土台を築くには、敢えて恐怖、ミス、敗北、そして批判の嵐を潜り抜ける覚悟が選手には必要である。

オリンピックの表彰式を見る機会があったら、表彰台に上がった選手の多くは初めてオリンピックに出たときは失敗していることを思い出して欲しい。最初は失敗したけれど、辛い思いに耐え、ミスから何かを学び、2度目あるいは3度目の挑戦で優勝するまで諦めずに努力し続けたのである。努力が報われたと思ったことだろう。

◆準備は絶対怠らない

自信は成功体験によってもたらされる。そして、プレッシャーにもしっかり対応できる準備をしてきたという気持でピッチに走り出せたら、いいサッカーをする可能性は高まるであろう。準備不足だとプレッシャーに対処できないと思う気持になり、それがストレス（自信のなさ）となることは明らかである。「勝つ準備ができていないということは、負ける準備ができているということだ」とはよく言われるフレーズだ。適切な準備を整えてきたなら選手は自信をもって動くので、フィールド上のプレイに驚かされることはないと優秀なコーチは考える――つまり、選手は万一の場合にも対応できるようにちゃんと備えができているのである。

1996年のオリンピックで200メートルと400メートルの金メダリストとなったマイケル・ジョンソン（1996）にとって、自信とは準備と努力を信じることから生まれてきたものだったという。「私の自信は、レースで一緒に走る誰よりも厳しいトレーニングをしてきたと自負することで備わった。その自信が、レースに出たら私が絶対に勝つという確信に変わっていったのだ」

アメリカの有名なバスケットボールコーチ、ボビー・ナイトは、〝勝つための準備を惜しまない〟選手に一番期待をかけるという。

◆視野の広い見方をする

自信は上達し続けることで築かれる。したがって、たとえどんなに小さな1歩でも、サッカーのあらゆる面において前進し続けることが大切となる。試合中に犯したたった1つの失敗が原因で選手が自信をなくしてしまうことが実に多い。その失敗に気を取られすぎると、他の要素では上達しているという事実を覆い隠すことにもなりかねない。

だから選手やコーチにとって大切なのは、大きな視野をもって上達を判断するということだ。ここでの私の役割は〝枠の組み直し〟で、選手の見方を変える作業である。1つの問題ばかりを強調するのではなく、自信を持つべきたくさんの要素と、注意が必要な要素の、両者を盛り込んだ新しい全体像を作り上げるのだ。そして、注意が必要な要素は問題として捉えるのではなく、挑戦すべき事柄と考えるのである。

◆印をつけたはしごを持とう

目標設定に関するほとんどの研究において、高い自尊心と自信に至る行程を〝印のついたはしご〟と表現している。つまり、たとえどんなに小さな1歩でも、全ての前進を1段として記録し、認めるのである。自信は成功体験と逆境に耐えられると思う気持から生まれる。小さな目標を日常的にクリアしていき、そのことに喜びを感じることが自信を築き、大きな目標を達成するための対処スキルを獲得する方法なのである。

これはフォームが乱れていたり、けがによって長期的リハビリを余儀なくされ、自尊心と自信をかなり失っている選手には有効な方法であろう。人並みはずれた度胸の持ち主で、元ダービー・カウンティーのゴールキーパーのマーティン・テイラーは、ひどいけがのために2年のリハビリ生活を送らなければならなかった。その間、彼は奥さんと一緒にキッチンの壁に復帰までの全ステップを書き出したのである。毎日、全てのリハビリトレーニング、全ての通院記録、全ての進歩の兆候に印をつけ、壁に記録が残された。2人とも決して自尊心を失わず、マーチンがプロとしてサッカーが再びできる日が近いことを信じて疑わなかったという。結局彼は予想よりかなり早く、しかも以前より心理的にタフになって復帰を果たした。

選手とコーチは大きな夢とビジョンを持つべきであるが、このはしごの1段1段は小さく、達成可能なステップにすべきである。そうすれば夢に近づきながら常に自信を保っていられる。

◆心のテープをプログラムする

毎日の生活で様々な状況に遭遇する私たちは、常に自分自身に語りかけている。私たちの内面にあるテープは、先に述べたプラスに導くオウムかマイナスに導くオウムのどちらかの助けを借りながら自分の心の状態を録音しているのである。したがって自信とは、自分をどう思うかを自分自身に語った結果として得られるものだといえよう。

自信がある選手は内面のテープをプラスの自己暗示でプログラムする。一方、自信のない選手はマイナスの自己暗示によって心に不安を詰め込んでしまうのである。パフォーマンスは心構えしだいであり（**表2・1**参照）、その心構えは与えられた状況における選手の自信に左右されることがわかっている。だから、プラスの自己暗示を取り入れ、マイナスの自己暗示を拒否するトレーニングが全ての選手に必要なのは明らかだ。

表2・2は、イングランドの女子シニアチームでの自己暗示トレーニングの結果を示したものである。このチームは、私が普段関わっている男子チームよりマイナスの自己暗示の影響を受けやすいようだった。そこで、マイナスの自己暗示に潜む怖さや不安の気持について自由に出し合ってから、皆でそれらに代わるプラスの自己暗示の内容を考えるという方法でトレーニングは行われた。

選手と個人的に話すときも、チーム全体で話すときも、私は常に選手の心理状態や感情がどこから発生しているのか理解しようとしている。選手たちの内面テープはどんな懐疑心、恐れ、不安を流しているのだろうか？　もちろん私の仕事は、コーチと協力して選手やチームのテープの内容をもっと別の、プラスのメッセージに組み替えることである。最悪と思われるような状況でも、優秀な選手やチームは前向きになれる方法を見つけ出すものである。選手は次の格言を覚えておくとよいだろう。「何が起こったかではなく、起こったことにどう対処したかが大切である」。

表2.2 自信と自己への語りかけ

イングランド女子シニアチームによるトレーニングの結果（1997年8月）。
ネガティブな語りかけからポジティブな語りかけへの変化。

ネガティブな語りかけ	ポジティブな語りかけ
私はもうこんなことをしたくない	私はまだ頑張ろうと思う
私にできるわけがない	コーチを信じよう－私を選んでくれたのだから
私に対処できるわけがない	どんなことにも対応できる経験を積んできた
まだ準備ができていない	いつも通り準備ができている
批判されるのが怖い	試合内容の責任は負うし、それに対する批判は甘んじて受ける
けがをしたらどうすればいいのか？	私はいつでも一生懸命プレイし、けがは試合につきものだと思っている
ミスをしてしまうだろう	ミスはするかもしれないが、その後どう対処すればよいかわかっている
シュートを外したらどうしよう？	次は必ず決めてみせる
先制されたらどうしよう？	さらに頑張ってみせる
私の調子が悪くて負けるかもしれない	自分でコントロールできることだけを考えて、ベストを尽くして諦めない
ユニフォームが似合わない	このユニフォームが好きだから着ることができて光栄だ
私たちにはタフさが足りない	地獄へ行くのはへっちゃらさ。だって地獄で一番いばっているのは私のチームメイトだから！

COLUMN

●自信と「点が取れないストライカー」

ゴールキーパーとストライカーの特殊なケースについてはすでに触れた。彼らには枠組みの再構築は特に重要だといえる。ダービー・カウンティーのストライカー、ディーン・スタリッジが得点できずに交代させられたとき、彼のサッカーはばらばらになってしまった。当時ダービー・カウンティーのコーチだったスティーブ・マクラーレンと話し合って、ディーンが最も尊敬するアーセナルのストライカー、イアン・ライト選手のゲームを観察し、イアン選手による全てのチームプレイの記録をディーンにとらせることにした。それをもとに話し合った結果、私たちはストライカーのプレイには必要不可欠な5つの要素があるという結論に達した。

- 得点すること
- シュートすること
- 前線に走りパスを呼び込むこと
- ボールをキープして味方をうまく使うこと
- 相手がボールをキープしているとき、ディフェンダーにプレッシャーをかけることそれから我々は、これら5つの要素におけるディーンの現在のパフォーマンスを1点から10点の間で評価した。得点に関して彼のスコアが低くなることは明らかだったが、その他のプレイに対して高い点数がつけられたことに彼は驚いていた。

狭い見方をすればディーンは得点していないということになる。しかし、大きな目で、より肯定的な見方をすれば、彼は別の方法でチームに貢献していたということだ。もちろん、ストライカーの使命は得点することである。けれども、抜け出したくてもなかなか抜け出せない決定力不足の時期は誰にでもある。ディーンのケースは、そのような問題に直面したとき、どう前向きに対処すればいいかを示すよい例であろう――つまり、全体としての自信は保ちながら、次にゴールが決まるまでじっと待つのである。ゴールさえ決まれば、それが究極の自信に火をつける。

◆前向きな支援グループを持とう

私は選手たちに自分だけの自己概念と自信を自らの責任で築くよう勧めている。しかし、どんな選手でも、良しにつけ悪しきにつけ、普段周りにいる家族や友だちの言葉に影響されることは承知している。

全ての選手にとって、そしてサッカーを続けるためには時に難しい選択を迫られる女子選手にとって、家族、恋人、チームメイト、カウンセラーといった、気持を分かち合える人々に自分を信じる気持やサッカーの上達を追い求めるモチベーションを高めてもらうことが必要であろう。また、ファンやメディアから与えられる情報の影響も無視できない。

例えば親は問題の一端にもなり得るし、解決の一端にもなり得る。両親から愛情とバランスの取れたサポートを受けている選手は、両親のエゴや期待に応えようともがいている選手よりもはるかに困難を乗り越える確率が高い。偉大なアメリカンフットボールのクオーターバック、ラッキー・ダン・マリノ選手の父親は、「勝っても負けてもお前を愛している」と書いたノートをこっそり置いていったそうである。

鍵となる人間関係を円滑に保つことは、完成された選手に必要な生活スキルの1つである。私のカウンセリングでは、サッカーと家庭生活の両立という難しいバランスを選手たちがどうとっているかについて必ず話し合う。サッカーの問題を解決するように依頼されたのに、よく調べてみると家庭でのトラブルが原因で、それがサッカーのパフォーマンスに現れていたというケースは珍しくない。

表2・2で文句ばかり言っている人を無視するよう勧めた。自信は選択で決まる。あるとき私は試合のハーフタイムに控え室で突然ユニフォームを脱ぎ、別のロッカーに移動するという行動をとった選手を見た。後でなぜあのようなことをしたのか尋ねたところ、隣にいた新人選手がとめどなく文句を言っていたというのである。その時点でチームは1—0で負けていたが、移動した選手は勝つ可能性はまだあり、自分の自信まで影響を受けては困ると思ったという。

選手、コーチ、両親、そして友だちは、名コーチ、ビンセント・ロンバルディーの信念、「**自信は伝染する。自信の欠如も伝染する**」を忘れないで欲しい。

◆妨害要素の遮断

逆境に直面したとき、最後の手段として大切なメンタルタフネスについては本書後半で説明するが、**図2・1**に示したように、サッカーをしていれば間違いなく自信を失うような状況に次々と遭遇する。アメリカンフットボールの名コーチ、ビル・パーセルズ（1995）は、自分でコントロールできない事柄は無視し、自分でコントロールできる唯一のもの—自分の心—に集中することができる選手を高く評価し、次のように述べている。「自分ではどうすることもできないことによって簡単に集中が妨害されたり、ビジョンや自信が崩されたりする。細かいことにとらわれ過ぎると自滅する—自分が信じられなくなって自分で描いた最悪のシナリオに従ってしまうのだ」。

優秀な選手やチームは、自分たちにとってプラスとなり、役立つメッセージだけを取り入れるように、自らの心を鍛えている—つまり、妨害となるような事柄は積極的に無視するのである。賢いコーチは、選手に妨害要素が及ばない環境を作ることに努力を惜しまない。ホームチームが有利と言われるのは、相手チームより周りの環境をコントロールし、妨害要素を最小限におさえることができるからである。

過去25年間、リバプールの本拠地アンフィールドスタジアムは、ビジターチームの自信を低下させることで有名だった。この難局を打破するため、1998〜99年のシーズンにダービー・カウンティーはアンフィールド遠征に際して以下の目標を設定した。

●環境に勝つ――マイナス要素を最小限にする。

●いつものルーティンやプロセスを実行する――敵地での試合も〝いつもの仕事〟と考える。

●フィールドの中でリバプールを倒す。

これらの目標を選手と話し合うことでコーチたちはどんな妨害が起こり得るかを選手に考えさせ、それらに対応したプレイができるように準備を整えさせることに成功した。その結果、ダービーは不利な環境に打ち勝ち、素晴らしいパフォーマンスを発揮してリバプールを破ることができた。

◆自分を信じる

U.S.オープンテニスのシングルで初めて優勝したとき、アンドレ・アガシ選手は、「ついに優勝に値するプレイをすることができた。だから勝てたのさ」と言ったそうである。この自信満々の選手は、大きな試合で勝つには自分のスキルを信じなければならないことに気づいたようだ。

自信の1歩先にある確信は、選手が〝ゾーンに入った〟とか、〝フロー〟に達したと表現する状態であるが、それは傑出したパフォーマンスには欠かせない要素である。目の前の難局を乗り切る力が自分には備わっていると信じることができれば、リラックスした素晴らしい動きを引き出し、自動的で何も考えないでよい状態に選手は移行できる。

コーチが選手に考え過ぎずにプレイするようにアドバイスしている場面をよく見かける。ただひたすら体を信じて、体にまかせてプレイした方がよいことをコーチたちはよく知っているのだ。自信を行動で表したのが確信である。

自信を高めるコーチング

Coaching to Boost Confidence

選手の自信に影響を及ぼす全ての人間関係の中で、最も影響力が強いのはコーチとの関係であろう。選手の起用、評価等々の実権を握っているコーチは、選手の心構えを前向きにも後ろ向きにもすることができる。

コーチが選手の気持を考えない時代がかつてあった。結果を出すことだけを任務と考えていたのである。何よりも勝つことが目標であり、選手はそのための消耗品とみなしていた。しかし、最近のコーチたちは選手中心に物事を考えるようになってきた—目標を選手と分かち合い、選手の自信を高めること、つまり選手のパフォーマンスを高める方法を模索するようになってきたのである。

女子選手に関する全ての研究において、練習や試合に対する心構え—プラスにせよマイナスにせよ—に影響する重要な要素はコーチだという結果が出ている。コーチからのプラスのサポートがなくてもモチベーションを保っていられる傾向は男子の方が強かったが、それでもコーチからよい評価が得られないと自信を低下させるようである。

選手のやる気を高め、難局を乗り越えられると思わせる方法で練習や試合において指導すれば、選手にポジティブな心構えを持たせることができる。ある意味で偉大なコーチは優れた話し手だといえよう。選手に目標達成というポジティブな夢を持たせることで、彼らを発奮させ、エネルギッシュにすることができる。全米プロバスケットのパット・ライレイコーチ（1993）が、1982年のフィラデルフィアとのプレイオフで鍵となる試合の前にロサンゼルス・レイカーズの選手たちに伝えた話の内容は次のようであった。

今日は我々が主役だ。ここまでは全てが完璧だった。我々は、愛する家族、友人、そしてファンの目の前で優勝するために、今日、本拠地のここにいる。プレッシャーなど微塵もない。やることをやればいいだけだ。

選手のパフォーマンスが求められる水準に達していなければもちろんコーチは選手を怒らなくてはならない。しかし、周りの雰囲気が暖かく支援的であれば、怒ったところでそれほど悪影響はなく、選手の自尊心や自信にダメージを与えるようなことにはならないだろう。

選手の自尊心や自信を高める方法を身につけたいと思っているコーチは、次のガイドラインに沿って自分の現在のやり方をチェックしてみるとよい。

◆練習を楽しくやりがいのあるものにする

若い選手たちが喜んでトレーニングに来るようであれば、ユーモアの力を理解しているコーチは選手の自信をアップさせるきっかけとしてユーモアを利用するとよい。リバプール出身でエネルギーとユーモアのセンスに溢れるイングランドのアンダー21のコーチ、サミー・リーは、練習の雰囲気を明るくするようなウォーミングアップをいつもさせている。監督のハワード・ウィルキンソンは、選手が自分のパフォーマンスにプラスの感触をもって笑顔で練習を終えられるよう、最後に必ずちょっとした楽しい練習を取り入れている。

◆選手全員を尊重する

マンチェスター・シティーのアレックス・ギブソンコーチは、チームの選手全員に自分がヒーローだと感じさせるコツを心得ている。彼が指導している様子を見学したとき、私は次の点に気づいた。

- **選手全員の名前を覚えていて、名前で呼ぶ。**
- **自分をアピールするために努力している個々の選手の存在を認める。**
- **自分の意見を述べ、質問をし、トラブルがあれば相談にくることを奨励し、そのような場合はきちんと話を聞く。**

●**忍耐強く接し、若い選手には考える時間と場所を与えることが最良の解決策となる場合があることを理解している。**

先生としての役割とカウンセラーとしての役割の両方を兼ね備えたアレックスは、彼が生み出した自信溢れる若い選手たちから尊敬されていたことは言うまでもない。

◆よいパフォーマンスに目を向け、誉める

自信は目標を達成することで築かれていく。そして自信は、よくないパフォーマンスよりよいパフォーマンスに注目し、言動でそのことを誉める観察力のするどいコーチによっても高められる。ポジティブで賢いコーチは、選手全員に達成感を味わわせながらうまく弱点も指摘する。次に示す**サンドイッチテクニック**によってこのようなことができるようになる。

●**誉める——「皆、いいところがいっぱいあったじゃないか」**
●**指摘する——「でも、ここはこうした方がもっといい」**
●**誉める——「君たちなら絶対できる」**

自分の役割とそれがチーム全体のパフォーマンスにどう貢献するかを各選手に理解させているコーチは、ちょっとしたパフォーマンスの変化にも気づくだろう。選手1人ひとりと話をしないコーチはミスばかりに気を取られる傾向がある。

◆あらゆることを視野に入れておく

練習ではよいコーチぶりを発揮する人は多いのに、試合でよいコーチになれる人は少ないと私は感じている。試合になるとコーチ自身が何をすればいいのかわからなくなってしまって、練習で培ってきた選手の自信を崩壊させてしまう場面をどれだけ目撃してきたことだろう。試合に負けたことに対してコーチが感情的になると、回復に相当時間がかかるほど自信を低下させてしまう。

ジョージタウン大学のバスケットボールコーチ、ジョン・トンプソンは冷静で理性的なコーチングのよい例を見せてくれた。試合ではいつもゲーム開始から36分間はスコアボードを見ないで、どうすれば選手がうまくプレイできるかに全神経を集中させる。最後の4分間で初めて結果を考えるらしいが、チームのパフォーマンスが相手を上回っているので、ほとんどの場合その頃には勝ちが決まっているという。負けたことを悲しいと嘆くのではなく、今後の練習を改善し、少し厳しくしようと思うきっかけとして捉えるとよい。

COLUMN

●マンチェスター・シティーの自信回復作戦

1997〜98年のシーズンも終わろうとしていた頃、マンチェスター・シティーの監督ジョー・ロイルとアシスタントのウィーリー・ドナチエから、かつての名門クラブが降格に向かって落ちていくのをなんとか食い止めて欲しいという依頼の電話をもらった。身体的、戦術的、技術的に問題があったことは明らかだったが、コーチたちが一番心配していたのは選手の自信が猛烈な勢いで低下してしまったことであった。珍しいことに問題はホームゲームでより顕著に現れた。ホームでは素晴らしく寛容でありながら批判的で冷たくもなる3万人の観客の前で戦わなくてはならなかったからである。

まず、チームが何を怖がっているのかを知りたかったので、何曜日が一番怖いかを選手たちに聞いてみた。しばらくして好青年でキャプテンのキット・シモンズが正直に土曜日だと答えてくれた——なんとそれは試合がある日だった！　コーチたちはポジティブな性格なのに、指導者としての立場が選手を萎縮させていたのだ。コーチたちは選手のサッカーをマイナスの鏡にしか映していなかった。

私の作戦は次のようであった。

●選手、コーチの信頼を得る。

●現在チームに存在している恐怖感はサッカーの醍醐味だと認識させる。
●サッカーにコミットする理由を選手に再考させることでチームのモチベーションを復活させる。
●心の状態を全体的に組み替え、より大きくポジティブな見方ができるようにする。
●達成が妥当かつ可能な事柄にチームの意識を戻す。
●期待感を高めることでエネルギーレベルを高める。
●決して試合を諦めない気持を選手に植えつける。

チーム全体での話し合い、個人的カウンセリング、コーチへのサポートとアドバイス、積極的に試合を見に行くこと、そして以下の10段階のアプローチに従うことなどを中心として私のサポート活動は行われた。

1. 選手の前では大きな見方—そして適切な展望—をする（「我々の目標を達成させるには何をすればいいのか？」）。
2. 現実的な目標を選手にも〝共有〟させる。
3. 達成を妨げるあらゆる事柄を明らかにし、それについて話し合う。
4. 協議事項を公開し、積極的に話をし、不安を分かち合い、緊張感を解放するよう選手を促す。
5. 自分たちでコントロールできる要素についてだけ話し合うことで不安を軽減させる。
6. 選手が苦しんでいるときにはそばにいて乗り越えるのを手伝う。

7. リラクセーション、ミスのマネジメント、妨害要素のコントロール、そして集中力の維持といった心理的スキルを指導する。
8. リーダーシップを発揮できそうな選手がいたら、チームをリードするようにその選手を励ます。
9. 相手チームとメンタルタフネスの達成具合を比較し、最後まで試合を諦めないようにチームを促す。
10. 話、ケーススタディー、モチベーションを高めるビデオなどを使ったり、常にユーモアを取り入れるなどして、自分が選手のインスピレーションを引き出すきっかけになる。

シーズン最後の試合をアウェーにおいて5—2で勝ったものの、降格になるかどうかは他のチームの成績に委ねられた。結局マンチェスター・シティーは1部リーグ残留には1点足りなかった。けれども、私のサポート活動はチームの自信をかなり回復させたと自負している。短時間で成果を挙げることはできなかったが、次のシーズンにすぐ1部リーグへの昇格を果たしたことから、選手もクラブも何かをつかんだのだと思われる。

Summary まとめ

自信—サッカーをしていく中で直面する困難は必ず乗り越えられると信じ続ける気持—は成功の礎で

ある。自信のほとんどは選手の内面的言葉によってプログラムされてしまう。だから選手たちは自分が直面するあらゆる状況のプラス面に目を向けるように常に気を配るべきである—つまり、困難を問題と捉えるのではなく、挑戦する事柄と思うのである。このような心構えは必ずポジティブな気持を呼び起こし、その気持がハイレベルのパフォーマンスを持続させるエネルギーを生み出すのだ。

選手は確固たる決意を固めること、万全の準備を整えること、どんなに小さな成功でもそれができた自分を誉めること、自分の目標に意識を集中させること、自分を支援してくれるグループを持つこと、そしてこれまで鍛えてきた体と努力して身につけた習慣を信じられるようになることなどによって自信を築き上げることができる。

選手に自信をつけさせるのに重要な役割を果たすのはコーチの哲学、性格、そして指導スタイルである。全ての選手にとって、そして特に女子選手にとって、選手中心の考え方を持つコーチのもとでスポーツに取り組むことが望ましい。そのようなコーチは選手の自尊心や自信を傷つけない方法でアドバイスを与え、ポジティブで支援的な雰囲気で選手を受け入れてくれるのである。

〝自信を持って戦え〟――これで選手に自信が芽生えることはない

本当の自信とは、一夜にして築かれるものではありません。毎日の練習、毎日の行動、毎日の想いが、自信を作り上げる大切な要素ではないかと思います。

私が日本代表に選ばれたのは、早稲田大学3年のときでした。最初の合宿では、初めて選ばれたこのチームで自分がやっていける自信のかけらもありませんでした。〝明日はどんな練習をするんだろう〟〝練習についていけるだろうか〟そんな思いばかりでした。

練習ばかりではありません。この日本代表という集団に慣れる必要がありました。その頃の日本代表には、メキシコオリンピックの得点王釜本さんがいました。私には雲の上の人。とても大きな存在でしたし、釜本さんが目の前に現れただけで大変な緊張を感じたものです。

大学生のレベルでは自信を持ってプレーできていましたが、この日本代表では私のプレーは通用しません。毎日が苦戦の連続でした。しかし、時間が経つにつれて少しずつ変化が出てきました。〝ここは通用するぞ〟〝みんなはこの場面ではこう考えてプレーしてるんだ〟そんな気づきをたくさんするようになったのです。わずかながら自信の断片が浮かんできました。

合宿が終了して大学の練習に帰りましたが、代表監督の二宮さんが授業のない午前中に個人練習をしてくれました。マン・ツー・マンでの練習ですから、全く気が抜けません。基本的なキック、トラップ、ヘディングの繰り返しです。非常に単調な練習でしたが、少しずつ技術の精度が上がっていく手応えを感じました。また、代表監督が〝自分に関心を持ってくれている〟そのことも私自身のやる気を喚起させてくれました。

数ヵ月このような形の練習が行われた後の合宿では、日本代表の他の先輩に対して必要以上に気を使うこともなくなっていました。〝自分は自分だ〟ここで自分をアピールしなければ、また代表に呼んでもらえなくなる。そういうポジティブな思いが強くなり、自分が試合に出るためには誰を追い越さなければならないか、そんな明確な目標が見えてきたのです。

「自信とは選択の問題である」と書かれていますが、私が日本代表の先輩たちの〝大きなところ〟に圧倒され続けていたら、その後代表に召集されることはなかったでしょう。何が違うのか、どうすれば追い越せるか、そうしたプランを考えて、ステップアップするための練習を欠かさなかったことが代表に定着できた大きな要因だと思います。

第3章

自己コントロール

Self-Control—Discipline of Thought and Emotion

●●●

思考と感情の訓練

© STUDIO AUPA

Fire in the belly, ice in the head.

……お腹は熱く、頭は冷静に

サッカーはモーション（動き）とエモーション（感情）のゲームだといえる。1998年のワールドカップ準々決勝でアルゼンチンと対戦したイングランドは、感情が高ぶったことが原因でとんでもない事態に陥った。デビッド・ベッカムが自制心を失って退場処分となってしまったのである。たった10人で戦わなければならなくなったイングランドはその試合に負けてしまい、大きな夢も失った。

同大会の決勝はブラジル対フランスという組み合わせになり、ブラジル優位というのが大方の予想であった。しかし、試合当日ブラジルのスター選手ロナウドが体調を崩してしまい、チームは皆から慕われていた年上の選手―に代えて戦う準備を進めた。ところがキックオフ寸前にロナウドの体調が回復した。そして下された結論は、元のメンバー構成に戻すということであった。ブラジルは、試合当日に2度もメンバー変更を余儀なくされた状態で戦うことになり、コーチは冷静さを失い、チームは気持的に半ば望みを捨てていた。マイナス思考、不適切な心理状態、そして低いエネルギーレベルがブラジルチームのプレイを消極的にし、サッカーで最も大切な試合を失う結果となった。

これらの例は次のことを示している。

●サッカーは選手の気持をローラーコースターのように持ち上げたり落としたりする。
●1試合中に選手は幸せ、悲しみ、恐れ、怒り、驚き、興奮、後悔など、様々な感情を味わう。
●感情はエネルギーと結びついていて（ラテン語でエモーションの意味は〝モーションをセットする〟である）、選手のエネルギーレベルを高めたり低下させたりする。
●サッカーで最も大切な心理的スキルの1つは自己コントロールである──少しでもコントロールを失えば、プレイのあらゆる面が乱れる可能性がある。

サッカーの内容が変わったことも、セルフコントロールの重要性が高まった要因の1つである。サッカーが体を使った脅し合い──つまり、武器を持たない戦争──と考えられていた頃、コーチは選手の感情を意図的に高ぶらせたこともあったし、自制心をなくして闘うことを期待したりもした。しかし、ルールや戦術が変わったことでサッカーはより戦略的になっていった──まるでバスケットボールのように。今のコーチは、選手に忍耐力、抑制力、そして自己コントロール力を求める。

ブラジルの敗戦から学ぶべきことは、勝つためには選手、チーム、そしてコーチが試合前に心を安定させ、それを90分間持続させる力を持たなければならないということだ。心と気持の状態によって身体的、技術的、そして戦術的能力が乱されるような選手やチームは、目標を達成することはできないだろう。

図3・1は、適切な自己コントロール力を選手が身につけるためのプロセスを示している。

1. 選手の心の状態―サッカーをしていく過程で遭遇する困難をどう捉えるか―は、ポジティブで、自信に満ち、リラックスしていなくてはならない。
2. そうすれば選手はポジティブな気持で臨める。
3. ストレスになる事柄に直面しても、選手は自己コントロール力を低下させない。
4. そのような自己コントロール力は選手の身体能力を十分発揮させる。
5. 落ち着いた、適切な対処方法は選手のポジティブな気持をフィードバックし、さらに強化する。

レーヤー&マックラウリン（1990）は、心の状態、感情、そしてエネルギー供給は密接につながっていることを強調している。彼らは、自己コントロールの

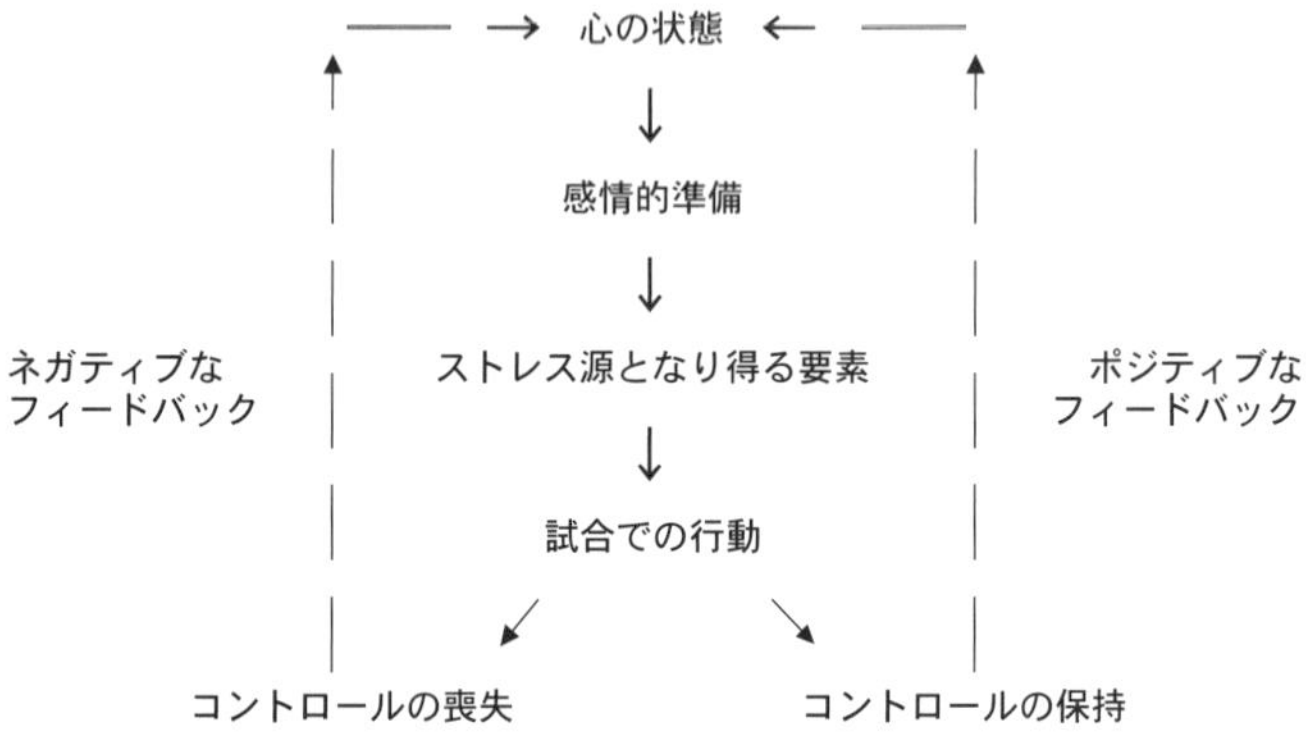

図3.1 自己コントロールのプロセス

ロールされたパフォーマンスを発揮するのに適した高いポジティブなエネルギー（緊張のないエネルギー）と、コントロールを簡単に失わせる危険性の高いネガティブなエネルギー（緊張を伴うエネルギー）とを区別した。デビッド・ベッカムは、明らかに一瞬にして高いポジティブなエネルギーから高いネガティブなエネルギーに移行したと思われる。相手の挑発によって心理状態が急変し、かっとなってしまったのだろう。その結果自己コントロール力を失い、退場処分となってしまった。

選手やチームに対する私のサポート活動の多くは、この高いポジティブなエネルギーを作り出し、維持する態度や心構えを身につけさせることが中心となっている。ポジティブな心構えで試合をスタートし、正しい対処の適用方法を知っていれば、選手はコントロール力をなくさずにサッカーという感情のローラーコースターを乗りこなせるだろう。

Emotional Intelligence

賢い気持の持ち方

サッカーはプラスであれマイナスであれ、常に感情を伴う活動である。問題なのは感情的になることではなく、湧き上がった感情の内容とその表現方法が適切であるかどうかだ。

感情をコントロールできない選手は、自分の内面でバトルが繰り広げられ（例えば罪悪感に苛まれる）、そのバトルがプレイへの集中や明確な思考を妨げていることに気づくだろう。感情とスキルの実行は相伴ってプレイに影響する。

アメリカンフットボールについてではあるが、ビル・パーセルズ（1995）が問題点を次のようにまとめている。

我々のチームに入団してくる今どきの若い選手たちは、見かけだけはマッチョだ。身だしなみはきちんとしているし、荒っぽい言葉は嫌いだし、卑怯な相手チームの選手からの野次には絶対我慢できないようだ。

一方成熟した選手は、目に余る挑発でも余裕でかわすことができる。私は選手たちに感情を抑えて、相手に気づかれないようポーカーフェースでいるようにアドバイスする。自分の気持を見透かされたら、相手が有利になるから。

ここで問題なのは、どうすれば賢く感情を制御できるかである。つまり、パフォーマンスを乱すのではなく、より高めたり、エネルギッシュにしたりする気持にすることが大切なのだ。身体的トレーニングや技術練習を効果的にするコツがあるように、自己コントロールスキルを含む感情をうまく操作するコツというものがある。

したがって自己コントロールには、感情的に負担のかかる状況で自分自身と周りの人々をうまく扱う知恵が必要となる。オーリック（1986）は自己コントロールを「ストレスがかかるあらゆる状況でパフォーマンスをうまく発揮する能力」と定義している。

自分及びチームがどの程度自己コントロールできているかを**表3・1**で調べることができる。**表3・2**には、サッカー選手が直面する5つの鍵となるストレス源と、それらに対する適切で理にかなった気持の持ち方を示した。

自己コントロール力を身につける12のステップの手順

A 12-Step Strategy for Achieving Self-Control

自信と同じように、自己コントロールも選択することで身につけられるものである。そのためには、選手は自分の行動に責任を持ち、言い訳を探さないことを決意しなくてはならない。ダービー・カウンティーが苦しい時期にいたとき、私が選手に言ったのは、今ある問題の多くは選手の力ではどうすることもできないが、それらにどう反応するかは自分たちで選べるということだった。

自己コントロール力を身につけるための手順は、思考と感情の関係に基づいている。考え方が感情に影響し、その感情がパフォーマンスにエネルギーを与えるということはわかっている。したがって、感情をコントロールすることでパフォーマンスを高めたいのであれば、まず考え方を変えなくてはならない。

次に、選手が自己コントロールのスキルを身につけたり、自己コントロール力を鍛えるための12のステップを紹介する。ただし、この中から自分に合うステップだけを選んで取り組んで欲しい。そして、自分の行動に責任がとれるときに開始すべきである。

表3.1　“賢い気持の持ち方”チェックリスト

下記の内容に関して自分自身を評価してからチームの評価を行う

	A	S	N
試合のために気持の準備を整える			
覚醒水準が低すぎたり、高すぎたりすることはない			
大きな試合にもうまく対処できる			
ポジティブな言葉かけによって自信を維持できる			
イライラしても自分を保っていられる			
どんな状況にも簡単に適応できる			
ストレスに落ち着いて対処できる			
ここぞというときに頼りになる			
他の人々に分別のある、ポジティブな態度で接することができる			
行動に責任が持てる－言い訳しない			
どんな状況でも期待を裏切らない			

記号
A－Always－常に
S－Sometimes－時々
N－Never－決してない

表3.2 サッカーにおけるストレス源とそれらへの対処

鍵となるストレス源	賢い気持の持ち方
変化	サッカー選手の人生は常に変化していると言っても過言ではない。選手はそれを不安と感じるのではなく、変化を新しい挑戦と捉え、ポジティブに反応すべきである。
恐怖心	恐怖とは全ての人に備わった生き残るためのメカニズムであることを選手は理解すべきである。失敗を恐れる気持が自己満足で終わることを防いでくれる。選手は恐怖心を建設的に処理し、パフォーマンスへの挑戦を可能にするエネルギーに変えるとよい。
妨害要素	試合が大きくなればなるほど、それに付随する問題も多くなる。選手は感情を突然乱す事柄を適切に処理し、妨害要素をかわす心の強さを持つべきである。どこでも、いつでも、どんな状況でもいいプレイができるという評判を得るように努力することが望ましい。
罪悪感	サッカーでのミスは、罪悪感が高まり、それに伴うエネルギーをネガティブに使うことで起こることが多い。そして立て続けにミスを犯してしまうのである。選手は試合にミスはつきものだということを認めなくてはならない。ミスを犯してもそれはそれと受け取め、罪悪感を消し去り、ポジティブな態度でプレイを再開する方法を身につけるべきである。
怒り	怒りは、闘いに備えて選手の覚醒水準を高めるためのメカニズムの一部である。選手は動員されたそのエネルギーを確実でわかりやすいプレイのためにポジティブに使うこともできれば、ネガティブに使ってコントロールを失うこともできる。イングランドの選手に「いいボクサーのようになれ」と言ったことがある－闘志はあるが冷静さは決して失わない。

1. 自覚――過去にコントロールを失ったときのことを分析する――なぜ、いつ、そしてサッカー場のどこで起きたか。自分の弱点を明確にする。

2. 理解――自分の思考がなぜ変わったのか、どうしてそれが感情のバランスを失わせたのかを理解する。

3. 違い――同じような場面でコントロールを保てたときと失ったときのことを思い出す。自分の心構え、感情、そして行動で違っていたことは何か？

4. 問題――問題を正確に探し出す。例えば、チームの期待を裏切ったことに対して急に罪悪感を感じたためだったのか？

5. 確信――自分に対する期待を高め、長所の1つに自己コントロール力を加える。君は変われる！

6. 強化――行動の変化は強化されることで加速する。したがってその行動が定着するまでは、向上した行動を自分自身で認めたり、サポートグループに誉めてもらったりする。

7. 目標――できればコーチと話し合って、いくつかの小さい目標を設定する。それらの小目標は変化への旅路を先導してくれるだろう。

8. テクニック――平静を保つための行動テクニックを決めておく。つまり、もしこういうことが起きたらこうする（例えば、その現場から離れるなど）ということを決めておく。

9. 計画――この章で紹介したテクニックを自分に合うように調合し、計画的、系統的に目標に向かって努力する。

10. 前進—よくなったり悪くなったりしながら向上する。だから焦ってはいけない。

11. 後退—時には元に戻ってしまうこともある。そんなときでも自分を責めず、より強くなるように努力する。

12. 記憶—なぜこんなことをしているのか、自分を変えなければ将来どうなるのかを折に触れて思い出す。

自己コントロール力を高めるテクニック

Techniques to Improve Self-Control

信頼できるガイドラインに従っていけば、自己コントロール力を高めることができる。次のテクニックは参考になると思う。

◆準備を整えておく

選手がコントロールを失うと思われる事柄のほとんどは、選手自身にも想像できるし、コーチやチームの心理学者と一緒なら簡単に予想がつく。ということは準備もしておける。事前に頭の中で試合をしていれば選手はストレスの元になりそうな事柄を察知し、コントロールを失わないための適切な対処方法を準備しておけるのだ。

経験豊富なコーチやスポーツ心理学専門家は、思考、感情、そして行動のつながりを選手に理解させることができる。過去の出来事を振り返って―どこにいようとも私はそのために可能な限りビデオを使う―自己コントロールがうまくできたときとできなかったときの違いを検証するとよい。選手は、行動として現れたパフォーマンスだけでなく、感情のパフォーマンスにも目を向けるべきである。その出来事が起きたとき、自分は何を感じていたのかを思い出すとよいのである。そして、選手は〝ソリューションバンク―予測される問題が起きたとき「もしこうなったら私はこうする」という形式にまとめた解決案―〟から解決策を1つ選んでこの作業を終了するとよい。

イングランドのアンダー18チームのスポーツ心理学者として初めて試合に臨んだとき、ゲーム開始直後にこちらのスター選手が執拗なマークに反応して退場処分になってしまい愕然としたことがある。ディフェンダーが彼に対して特に挑発的なマークをすることは予想できていたので、それに対する解決法を彼に指導しておかなかったことを今でも後悔している。執拗なマークを受け入れる心構えを彼に持たせておいて、逆にそれをチームメイトのスペースを確保する手段として用いることもできたのだ。試合の前半に忍耐力と自己コントロール力を相手に見せつけておけば、いずれディフェンダーは彼を追い回すことに嫌気がさしてきて、後半チャンスが巡ってくることは明らかだっただけに残念である。

◆リラックスする

サッカー選手が理想的なパフォーマンスを発揮する状態は〝リラックスしたレディネス〟―つまり、緊張せずにエネルギーに満ち溢れている状態―である。このときの選手は落ち着いていて、自由で、試合のプレッシャーにもうまく対応できる状態にある。リラクセーションテクニックを使えば選手は自分の思考をコントロールできる。そして思考をコントロールすれば、不必要な緊張を取り除き、エネルギーを温存する感情に切り替えることができるのである。不安は、〝頭から消え去ることのない考え〟とよく例えられる。頭の中をクリアにするリラクセーションはそのような不安を軽減するのによい方法であり、リラックスしたレディネス状態に選手を導いてくれる。ボッテリル＆パトリック（1996）はこのような心理状態のメリットを次のように述べている。

妨害的な思考や無駄な考えを脇にどけて、パフォーマンスやその場の状況で大切なサインに集中し直せたときの気持は最高だ。息と一緒に緊張を吐き出すと、ネガティブな考えもストップしたり消え去ったりして、より効率的に反応するようになった体に集中し直すことができる。

感情は体の状態を映し出す窓と考えられている。体をリラックスさせることによって、選手はプラス思考、ボディーコントロール、エネルギーコントロールが求められる大事な場面への準備を整えておくことができる。

選手が用いるとよいリラクセーションテクニックには次のようなものがある。

●ストレッチ
●呼吸法
●覚醒水準の調整（音楽やビデオの活用）
●マッサージ
●イメージトレーニング

リラクセーションのスキルを身につけたい選手は、まず楽に座れる椅子と静かな部屋を準備する。意識を集中させるものを選び、受身的な気持を膨らませ、何も考えない状態を楽しむ。選手はいくつかのテクニックを試してから自分に合ったものを選び、それを練習しておけば、ストレスを感じたとき咄嗟に使える道具となるだろう。

◆パフォーマンス・ルーティンを身につける

もし思考から感情が生み出されるとしたら、我々の思考をコントロールするパフォーマンス・ルーティンがより適切な感情の自己コントロールにつながることは明白だ。

これからプレイしようとしているとき、サッカー選手なら誰でもポジティブとネガティブな思考に直面する。しかし、どちらを選ぶかは選手しだいである。心理的に強い選手はポジティブな思考だけで頭をいっぱいにする。いらないことを考える余裕を与えないもので、慣れていて楽にでき、ポジティブな思考と感情とつながりのあるパフォーマンス・ルーティンを選手は身につけておくとよいだろう。

自分を信じる気持を築こうとしていたとき、リー・カースレイ（序章参照）は試合直前に疑心暗鬼になっていた。私たちはポジティブなメッセージを思い出すためのカードを作り、リーに確固たるポジティブな気持を植えつけた。カードに書かれた内容は次の通りである。

●自信を持つ
●自分の役割を思い出す
●深呼吸する──平静を保つ
●シンプルなことをしっかり行う
●楽しむ──笑顔
●自分との戦いに勝つ
●リラックスしてありのままの自分を楽しむ
●90分間頑張り通す
●思い切りやる──後悔しない

試合前に時間をみつけてリーは静かな場所を確保し、このカードに何度か目を通す。そうすれば試合直前に彼が考えることは確実にカードに書かれた内容になる。

これ以外にも役立つパフォーマンス・ルーティンがいくつかあるので主なものを紹介する。

◆ポジティブな自己への語りかけ

選手はポジティブなことだけを自己に語りかけるように練習すべきである。

◆動作による合図

ポジティブな思考からネガティブな思考へ移りつつあることを自覚したら、例えば手をたたくなど、ある合図を使ってそれを食い止めるとよい。デンマークの国際的プレイヤーで、強靭な精神力を持つジェイコブ・ラウルセンは、試合前のウォーミングアップを、ゴール前からヘディングではね返す練習を10本とボレーでのクリアーを1本行って終了する。そのことで彼は自信に満ち溢れ、集中した心理状態になれるというのである。

◆モデリング

アイデンティティーの問題を抱えている選手によりポジティブな心構えを持たせるための方法の1つは、その選手が尊敬する選手をモデルにするというものである。エストニア代表のゴールキーパー、マート・プームはデンマークの偉大なゴールキーパー、ピーター・シュマイケルをモデルにしている。

プレイに迷いが出たとき、プームは「ピーターならどうするだろう？」と考え、その答えを考えることで迷路を脱出する方向性と力を得るのだという。

◆パワフルでポジティブな視覚的メッセージ

一般的に選手はサッカーの映像を見ることを好む。写真、絵、ビデオなどはここぞという場面で選手たちのイマジネーションをかきたてることができる。アンダー18のヨーロッパ選手権で勝ち残るためにロシアを破らなければならなかったとき、私はイングランドのキャプテン、ジョナサン・ウッドゲイトに、最もチームにとってプラスになる試合前のミーティングはどんな内容だろうと聞いてみた。するとジョナサンは、モチベーションを強力に高める「The Winner Takes It All（勝者が全て）」というビデオをもう一度見てはどうかと提案した。私たちはそのビデオを見て、そして勝った！

視覚的なイメージの使用は、ダービーで今や常識となっている。選手のやる気を喚起するため、リラックスさせるため、あるいは集中させるためにイメージを用いている。例えば、バスで移動中アウェーのスタジアムが近づいてきたらいいプレイばかりを集めたビデオを流すのである。そうすれば相手チームのファンで溢れ返っている不利な環境から選手の意識をそらし、いい意味の緊張感を持たせることができる。

●イメージ―ネガティブな思考を頭から追い出すために、理想的なパフォーマンスを選手が視覚的に思い浮かべるプロセス（第5章参照）。

●コントロールの乱れ―選手の自己コントロール力にとって最も危険なのは、注意の集中を乱し、ネガティブな気持にさせる自分や周りからの妨害的メッセージである。

サッカーは読みと反応のスポーツである。選手は刻々と変化しているパフォーマンスの状況を読み、正しい反応を選び、実行しなくてはならない。優秀な選手は、試合を読む力とどの情報を無視すればよいかを見分ける力の両方に長けている―つまり、妨害を受けにくいのである。

COLUMN

●イングランド4点、妨害ゼロ

ユーゴスラビアで国際試合を行ったとき、我々のチームは相手チームより妨害要素―例えば交通手段、食事、ホテル、トレーニング施設、気分転換できる場所のなさ、そしてひどいピッチ等々―の影響を受けやすいことが明らかになった。この難局を私はラヴィッザ＆ハンソン（1995）が推奨する信号メタファーを使って乗り切ろうとした。以下がその手順である。

●選手とスタッフ全員で妨害要素になりそうな事柄を全部出し合って、遭遇するであろう事態を予め予想した。

●そのリストを貼り出し、該当する事柄が起こるたびに印をつけていった。そうすることで妨害的事柄が起きてもイライラしたりせず、ゲーム感覚で楽しめた。
●チームのメンバーに妨害要素に負けそうかどうか尋ねた。「ノー！」と全員答えた。
●次に、妨害要素に負けそうになったときの自己コントロールの色を聞いてみた。選手たちは赤だと答えた。
●そして、完璧にコントロールを保ち、スムーズに事を進めることができたらそれは緑に見えるだろうとも言った。
●信号メタファーの方法を理解したところで、どのようにして緑から黄色を経て赤に変わってしまうのかを選手に当然聞いてみた。
●その結果、黄色は意思決定の瞬間で、緑に戻るか赤に突き進むかの分かれ際だということで意見が一致した。
●議論の後、黄色で戸惑っているときに役立つ、次のようなテクニックをリストアップした。
－深呼吸をしてリラックスする。

－時間を稼ぐためにその場を離れる。

－緊張を解く──手をたたく、ストレッチをする等。

－チームメイトを助ける必要があることを認識する。チームは「緑にいろ」という共通の合言葉を決めていた。試合中リー・マシューズがキレそうになったとき、キャプテンのマシュー・アプソンが大声で「リー、緑にいろ」と叫んだ。リーは微笑んで、落ち着きを取り戻し、赤にならずに済んだのである。

―後回しにする。避けられない妨害要素が発生したものの、すぐに何とかしなくてもよい場合は、例えばハーフタイムで対処するといったように、とりあえず先にのばす。

―試合に勝つ。妨害要素は負ける方へ、負ける方へと導くことを忘れてはいけない。

この試合は、ひどいコンディションと凄まじい挑発のもとでもイングランドが4―0で勝つというハッピーエンドをむかえた。選手があらゆる妨害要素に備えており、チームもスタッフも「緑にいる」ことを誓っていたので、自己コントロールレベルが素晴らしかったのである。更衣室での締めの言葉はイングランド4点、妨害ゼロであった。

◆ミスへの対処

スタジアムでサッカーを見ている人々の中で、ボールを追っていないのは私くらいなものだろう。私は私のチームの選手、特にミスをした後の選手の行動しか見ない。3万人の観衆の前で明らかなミスを犯してしまうことほど選手の自己コントロール力を試すものはない。特にゴールキーパーやストライカーの反応は顕著である。

私の指導が適切であれば、罪悪感によって気持が動揺してしまうのを防ぐ手段を身につけているはずである。動揺すると選手は消極的になってボールを避けるか、かっとなってミスを重ね、傷口を一層広げてしまうかのどちらかになる。試合にミスはつきものだ。したがって、ミスをしたときのことを考えておくのはマイナス思考ではなく、ポジティブな準備作業なのである。

ミスへの対処方法を教えておかないということは、コントロールを保つため、パフォーマンスの低下を防ぐための道具を持たせずに送り出すようなものである。自分の犯したミスに過剰反応して選手はよくイエローカードやレッドカードを出されてしまう。コーチたちも、選手にどう修正させるかではなく、犯してしまったミスを怒る方に意識を向けがちになる。

◆怒りの処理

サッカーのように競争的要素が強く、身体的にも過酷なスポーツでは、ある程度の怒りは常に選手たちの心に存在する。選手もコーチもその怒りを相手に向けがちで、向う意気の強い選手の気持が動揺すると高いエネルギーを生み出してしまう。

しかし、怒りはパフォーマンスを低下させると同時に向上させることもある。ただ、怒りの処理方法を学んでおかないと、次のようなネガティブな影響を選手に及ぼすことがある。

●集中の消失―怒りで物事が見えなくなる。
●相手に対するコントロールの消失―集中力を失い、相手にチャンスを与えてしまう。
●生産的なプレイの消失―回復に必要な貴重な時間を無駄にする。
●コーチからの信頼の消失。
●楽しさや友情の消失―サッカーがゲームではなく戦いになる。

コーチの役割

Role of the Coach

選手が身体的、技術的潜在能力を出し切るには、感情のコントロールを持続させなくてはならないことをコーチは理解しておくべきである。**図3・2**で示すように、感情的レディネスはサッカーをするために個人やチームが準備しておくべき要素の1つと考えられる。

したがってコーチは、プラス思考を促し、リラックスした気持で試合に臨めるような心理状態を選手が作り出すプログラムを考える必要がある。チームの心理状態を考慮し、よりよい方向に導こうという気持のないコーチに勝てるチームは作れない。イングランドのベテランコーチ、コリン・マーフィーはそのことを「〝まじめなエディー〟ばかりのチームを指導できるはずがない。チームを強くする秘訣は、いかに〝かんしゃくもちのフレッド〟や〝鬼のようなデービス〟をうまく扱うかだ」と表現している。

イングランドのアンダー21チームを指導していたとき、次の点を常に考慮した指導プログラムを実施することで気持の準備を整えることの重要性を強調した。

- ●選手の身体的準備はできているか？
- ●選手の技術的準備はできているか？
- ●選手の心理的準備はできているか？
- ●選手の感情的準備はできているか？

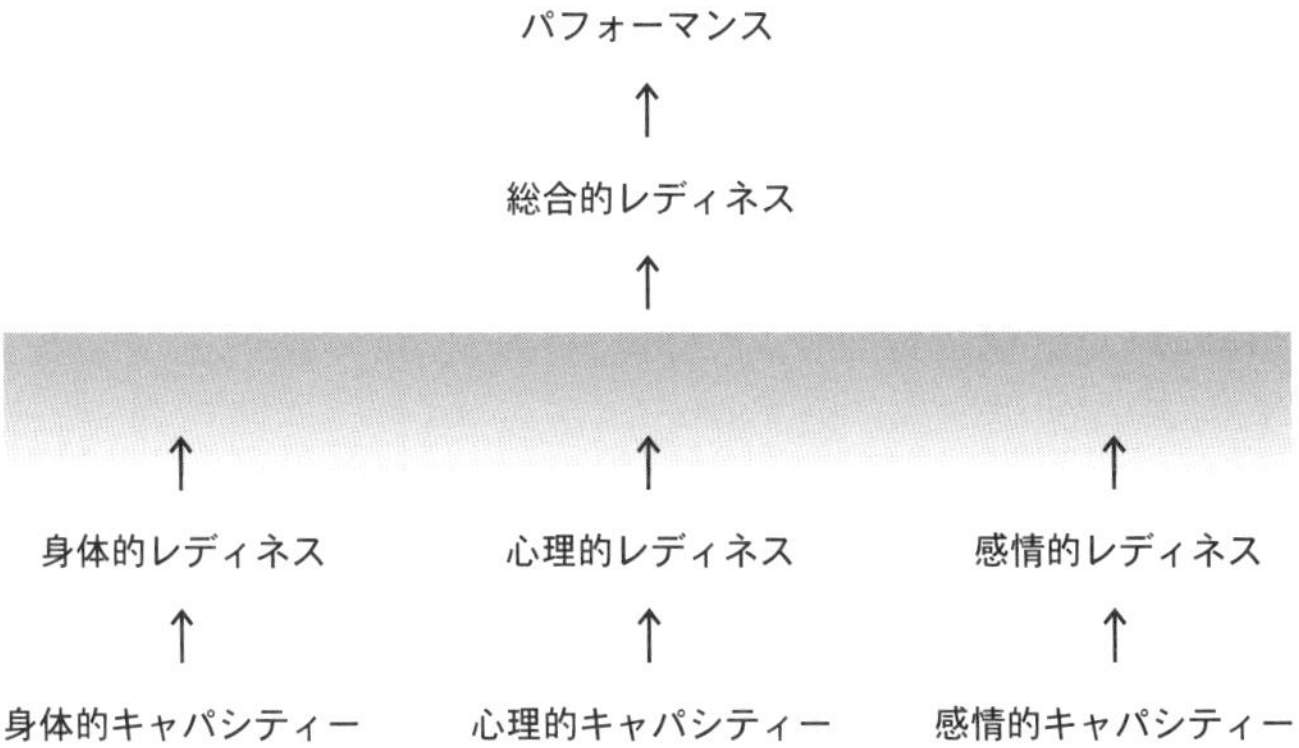

図3.2　サッカーをするためのバランスのとれた準備

COLUMN

●ゲーリーは1つのミスを2つにしないことを学んだ

ダービー・カウンティーのゲーリー・ロウェットは、外見的には有能で冷静なディフェンダーに見えた。しかし実際のゲーリーはとても神経質で、ミスをした後は自信を失い、実力を全く発揮できなくなるなどよくトラブルを引き起こした。

まず手始めに、私はミスをした後のゲーリーの行動に注意しながら彼のパフォーマンスを観察した。ゲーリーが直接関与した全てのプレイについて、いいプレイの場合はチェックを、ミスの場合はバツマークをつけていった。それを6試合続けた後、パターンを調べると、試合中のゲーリーの心理状態について次のことがわかった。

●出だしは常に快調。
●必ず1つか2つミスをする。
●そのミスが彼の自信とコントロールに悪影響を及ぼす。
●そうなると立て続けにミスを犯す。
●最も大事なゴール前でミスをすることさえある。

自分のパフォーマンスとミスのパターンをゲーリーに映像で見せ、自覚を促すだけでほとんどの問題は解決できた。ミスを犯した後の彼の考えや気持とその後の行動パターンに関係があることがわかったのである。ゲーリーはミスを減らすこと、そしてもっと重要なこととして、これからも犯してしまうであろうミスを合理的に捉え、自己コントロール力を高めながら自分を変えていくことを約束した。そこで私たちは2つの大切なアクションプランを立てた。

1. 自陣ゴール前のディフェンスゾーンのボールには必ずリスクのないアプローチをし、ゴール前でミスを犯す確率を下げる。
2. ミスを犯した後のボールタッチは必ずいいものにすることで自信と気持の安定性を確保する。安全なポジションでいいボールタッチをすれば最初のミスからは解放される。そうすればミスを忘れることができ、立て続けにミスを犯すことはなくなる。

これはミスの対処としてはよい方法だった。ゲーリーはより成熟した信頼できるディフェンダーに成長した。

「選手は感情的な準備ができているか?」という質問への対応として、コーチにアドバイスできるのは次の事柄である。

- ●感情的に準備を整えて試合に臨むことの大切さを選手に自覚させる。
- ●選手の考え方を磨くということは選手の気持を磨いているということを理解する。

●チームのパフォーマンスがよくないときは、心理状態、感情、そしてエネルギーレベルの関係を調べよ。
●自己コントロール力を身につけるテクニックを指導する。可能であればスポーツ心理学者に依頼する。
●若い選手には我慢強く接する。
●自分の感情をコントロールしようと努力した選手はその行動を誉め、強化する。
●選手の心理状態や感情のレベルをよくするために、ビデオ、音楽、その他のコミュニケーション手段を利用する。
●次の試合内容を考慮した感情面のゲームプランを立て、感情的に高ぶる場面に対するチームの感覚を研ぎ澄まさせておく。
●試合前、ハーフタイム、そして試合後のチームミーティングにおける内容と話し方に神経を配る。選手の気持にインパクトを与えるのはどんなことかを考えておく。
●妨害要素を極力少なくするよう試合環境を慎重に整え、試合当日に選手を驚かせるようなことは避ける。

最後に、コーチたちも自分の感情のマネジメントを振り返るべきである。ユースチームが苦しい状況にあったとき、私は試合をビデオに録画させてもらった。私はコントロールを失い、ひどい指揮をしていたコーチだけを録画したのである。そのビデオを見せるとコーチたちはショックを受け、反省した。そして選手たちに謝り、そのときから全てがよい方向に向かったのである。自己コントロールはまず自分たちから始めなくてはならないことをコーチたちは学び、それ以降選手を上手にサポートする冷静な観察者兼分析者になることができた。

COLUMN

●怒りのコントロールによって救われた若い選手

ある有力クラブから私のところへ1人の若い選手が送られてきた──彼は抜群の身体能力を持ちながら怒りを全くコントロールできない選手だった。自分自身、チームメイト、対戦相手、そして審判に対して悪態をつくので、彼はコーチの信頼を完全に失っていた。クラブが彼を放出する決定を下す前の最後の頼みの綱が私だった。幸いなことに、その若者はそんな自分を変えたいと思っていた。そこで私たちは彼に合った改善策をさっそく考えた。

●ビデオによる証拠を見ながら率直に話し合い、怒りを引き起こすきっかけを明確にした。
●今後そのようなきっかけが生じた場合に彼が用いる対処方法を次のようにリストアップした。
●呼吸に意識を集中する。

●〝リラックス〟という言葉を繰り返す。
●その場から離れる。
●ポジティブな自己への語りかけを増やす。
●落ち着いたボディーランゲージを表現する。
●自分が目標とする人を思い浮かべる。
●私たちは辛抱強く続ける約束をし、うまくいかなかったときは、この方法をより確実なものにするための見直し作業の参考にすることにした。同時に、私はもっと長い目で彼を見守るようにコーチを説得した――これが若い選手を扱う場合に最も大切なことになるときもある。そして彼の行動に変化が見られたら、それを認め、強化するように依頼した。

その選手が自分のエゴを守ることより自分をコントロールすることに注意するようになってからは、対処方法の効果が現れ始め、彼はコーチからの信頼を徐々に回復していった。即効性のある解決方法などない。だから私は選手とコーチ双方に、今後も時々ちょっとした問題行動を起こしてしまう可能性があることを指摘した。しかしその後しばらくその選手は順調に行動を修正し続け、クラブも彼を保有しておくことを決定した。言動を変えていくための時間がさらに与えられたのである。

Summary まとめ

コーチは選手を信じることができるかどうかを知っておく必要がある。今どきの選手はピッチにいるときよりもいないときの方が忙しい。気持がローラーコースターのように乱高下するサッカー競技で成功するには安定した状態でいることが不可欠だが、その状態になるには選手の多くがかなりのサポートを必要とする。

選手もコーチもプレイするための感情的レディネスにもっと注意を払うべきである。優秀な選手の条件の1つに自己コントロール力が挙げられることも強調されなければならない。感情面のゲームプランには自信に満ち溢れた心理状態になるまでのステップを組み込まなくてはならない。自信がポジティブな気持と高いエネルギーレベルに導いてくれるのである。さらにコーチは、自己コントロールを一瞬にして失わせてしまうかもしれないミスや怒りを処理する方法も指導しておかなくてはならない。

コーチと選手、コーチとチームの関係は気持の安定に重要な役割を果たす。したがって、コーチは選手にとって影響力があり気配りのできる話相手であると同時に、強力なモデルにもならなくてはならない。

選手生活とは、感情をコントロールする方法を学ぶプロセス

私は38歳まで現役を続けました。代表チームでプレイした経験を持つ選手の中では、長く現役を続けた方です。30歳を過ぎれば徐々に体力は低下していきます。年齢を重ねて技術が低下することはありません。戦術的な面では経験を積んだ分、相手との駆け引きにも優れ、試合の流れを感じながらプレイできるようになります。体力が低下していきますが、真面目に練習していれば、ガクンと急に体力が落ちることはありません。しかし、少しずつ体力の回復のスピードが鈍ってきます。

精神面はどうでしょうか？　ベテランと呼ばれる頃になると、周囲の人間は、彼は緊張とか不安とは無縁な選手だと勝手に思い込むようになります。しかし、これが全く違うのです。

私も代表チームで多くのビッグゲームを経験しました。「ペレ・さよならゲーム・イン・ジャパン」と名打った、ブラジルの〝サッカーの神様〟ペレと日本代表のストライカー釜本さんの引退記念試合が、私の日本代表チームのデビュー戦でしたが、国立競技場が超満員になり、まさにこれ以上の舞台はないというところから代表歴を重ねました。オリンピックアジア予選、アジア大会、ワールドカップ予選、それこそ試合前には鳥肌が立つ経験をしてきました。こういう経験を繰り返し、年齢を重ねても、国内の1つの公式戦の試合前には、同じような緊張感が襲ってくるのです。

引退前には、それまで経験したことのない別の緊張感、心理的プレッシャーを感じたものです。私が代表チームで最も輝いていたときを、周りの人は記憶しています。それと同じ水準のプレイができなくなってくると、批判の言葉や記事が目につくようになります。こうした厳しい評価に対する精神的なプレッシャーは、当人以外は案外気づいていないものだと思います。

結局、現役を終えるまではホッとすることはなかったように思います。「体力の限界」、多くの競技者がそれを引退の理由に挙げますが、私は早くホッとしたい、精神的に楽になりたいという気持が引退の決意の裏側にあるのではないかと思います。

競技生活を終える最後の瞬間まで、精神的な準備は怠れないのです。どんなに経験を重ねても、ドキドキしなくなることはありません。だからこそ皆現役にこだわるのではないでしょうか。

第4章 集中力

Concentration—Direction and Intensity of Attention

●●●●

注意の方向と強さ

© STUDIO AUPA

99％の集中は100％の失敗と同じことである。

1999年のヨーロッパチャンピオンズリーグ決勝は93分間の試合だった。試合時間が90分にさしかかった頃、1―0でリードしていたバイエルン・ミュンヘンの選手たちはあからさまにその偉大な勝利を祝い始めていた。ある選手などは観客席の友だちに手を振っていたのだ！

一方集中力をまだ維持していたマンチェスター・ユナイテッドは試合終了まで集中を切らさず、最後の3分間で2ゴールを決め、驚異の大逆転を演じた。バイエルンの集中は99％にすぎなかったということであり、このような大きな試合になるとそれでは不十分だということなのである。

本書は一貫してパフォーマンスは心構えによって決まると述べている。これまでに自信と自己コントロールが選手の心構えにいかに大切であるかを検証してきた。集中力―いいプレイをするために意識をパフォーマンスの1つの側面に必要な時間集中させる力―が心構えの第3の重要要素である。

かつてボールの動きと選手の動きというサッカーにおける2つの戦術上の重要な要素には未熟なテクニック、重いボール、そして重いピッチの影響で限界があった。今日の試合は全く違っている。例えばゴールキーパーのパスが4秒もかからないうちにゴールにつながることさえある。

現代の選手たちは、スピードとバリエーションが刻々と変わる試合にうまく対応し、次々と襲ってくる様々な問題をクリアしなければならない。複雑で変化が早い試合における様々な妨害要素に打ち勝つには、選手は集中力スキルを身につけておく必要がある。

集中力をキープできない選手は、パフォーマンスを妨げる次のような事態に陥りやすい。

1. **集中の欠如—試合パターンの変化を認識したり、それに注意を向けたりすることができない。**
2. **強度の欠如—次のような事柄によって集中力が低下する。**

●自己満足—勝つことに対して自信過剰になる
●あがり—失敗や成功に恐怖を感じる
●疲労—供給できるエネルギーが低下する

オランダの元代表選手、ルート・フリットは、90分のサッカーで勝敗を決めるのは一瞬だと述べていた。選手がその一瞬を決定したり、その瞬間が選手の価値を定めたりする重要な状況がどんな試合にも訪れる。そして集中力の低下がその瞬間を招くことが実に多いのだ。心理的にタフなパフォーマンスができるように選手の心構えを鍛えていく過程には、その決定的瞬間の存在を認識させ、それに備えさせることも含まれる。

Concentration Brings Order to Chaos

集中力はカオスに順序を与える

選手は試合の流れを認識し、理解する力を学ばなければならない—つまり、常に動いている選手やボールの様子をなめらかにイメージできなくてはならないのである。選手は各自のポジションに応じて自分のコントロール範囲で展開している状況に意識を集中させ、それほど重要でない事柄や自分のコントロール範囲外の状況は無視する方法を学んでおく必要がある。

これはそれほど簡単なことではない。選手の中にはこれができないために上達が遅れる者もいる。しかし、この能力は誰でも身につけることができるのだ。集中力は習慣であり、才能ではない。だからやる気があり、練習さえすれば身につけることができる。

フィールドで異なる集中レベルが求められる状況は以下の2つである。

1. **主要な責任—試合中のプレイがその選手の担当エリア内で展開しており、選手はチームのために与えられた責任を果たさなくてはならない。**
2. **サポート的責任—プレイがその選手のエリアから離れた所で展開しており、選手は必要なときにサポートできるように準備していなくてはならない。完全な集中よりも少しリラックスした状態でよい。**

集中力を懐中電灯の光に例えると選手にはわかりやすいかもしれない。主要な責任があるとき、選手は懐中電灯の光を絞って（特定の事柄への集中）、強力な明るさ（高いエネルギー）で光を当てなくてはならない。当然これはかなりのエネルギーを消耗する――懐中電灯も選手も――。だから、プレイが自分から離れた場所で展開するようになったら選手は懐中電灯の光を広いビームに切り替えるのである。選手は戦況を見極めて準備をしながらも、光の強度を下げることでエネルギーを回復させたり、貯えたりしておくのだ。

もし選手が集中力の基本概念――つまり、狭くて強い注意を点灯させてから、広くてやわらかい注意にスムーズに切り替えることができる力――を理解することができれば、試合中でも注意を休ませることができ、そのことで集中がそれることも少なくなり、結果的に決定的瞬間にいいプレイができるようになる。

ダービー・カウンティーのゴールキーパーコーチ、エリック・スティールは、ゴールキーパーにとって集中力は必要不可欠だと強調している。**図4・1**は〝集中の漏斗〟を図示したものである。この図は主要な責任とサポート的責任の範囲と、ゴールキーパーがどこでスイッチを入れてどこでスイッチを切ればよいかを表している。

ボールがポジション1――フィールドの中央より相手チーム側――にあるとき、ゴールキーパーはサポート的責任の範囲にいることになり、リラックスした注意にしてエネルギー回復に努める。

ボールがポジション2に入ってくると、責任が増してくる。ゴールキーパーはスイッチをオンにして、プレイパターンの展開に注意を集中させる。

ボールがポジション3―シュートを打たれる距離―にまで入ってきたら、ゴールキーパーには主要な責任が課せられることになり、全ての注意とエネルギーを使って集中しなくてはならない。ここでキーパーは何事にも注意を妨害されてはならない。

ゴールキーパーの役割を考えることで集中の基本が見えてき

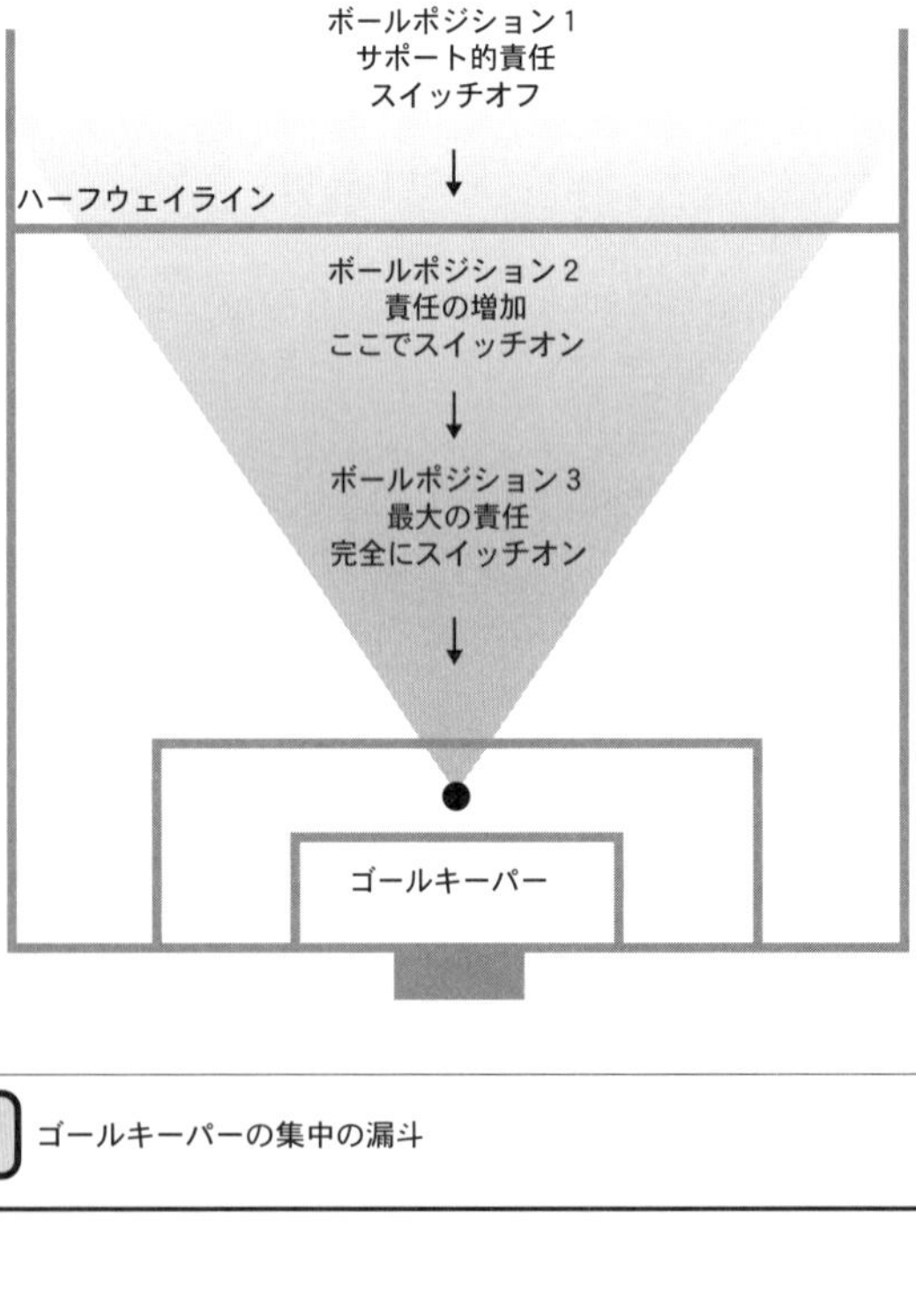

図4.1 ゴールキーパーの集中の漏斗

た—シュートの危険がある場合は狭くて集中した注意をして、シュートの可能性が差し迫っていない場合は広くてリラックスしながらも適度に保たれた注意へ切り替えるのである。

選手は過去の試合パターンを検討しながら、いつスイッチを入れるべきで、いつなら安全にスイッチを切ることができるか研究すべきである。また、自分の考えや気持がこのスイッチ切り替えのプロセスを邪魔する可能性があることも認識しておかなければならない。

イライラしたり、怒りがこみ上げてきたり、疲れたりしても、この集中のプロセスは妨げられる。選手は、試合状況よりも自分の内面の世界に意識が向いていることに気づくこともあるだろう。ヴィンス・ロンバルディー（1996）は、「疲れは誰をも臆病者にする」と言っている。疲れてくると、試合に勝つには何をすればいいのかではなく、何が欲しいか、つまり休憩なのであるが、そういったことに気持が集中してしまうと言うのである。

質の高い練習は不可欠

Quality Practice Is Essential

注意の集中とその強さを自由に操れるようになるための学習はまず練習場面で行う。それから試合へ応用するのだ。選手は練習と試合がつながっていることを認識し、必ず試合に応用するぞという気持をもって学習しなくてはならない。60％程度を学習しておいて、試合の日にそれが100％発揮されることを期待するのは虫がよすぎる—練習してきたことしか試合では出せない！

何年か前に、優秀なコーチが若い選手たちを指導している場面を見る機会があった。彼は60メートル×40メートルのスペースで練習させていたが、片方のタッチライン沿いに選手の数だけ間隔を空けてボールを置いていた。時々メインの練習を中断させて、選手にタッチラインの所へ行ってボールを取らせ、フィールドをドリブルで往復してからボールを元の位置に戻させ、メイン練習を再開させていた。そのコーチによると、これで練習の質を保っているのだという。何度かミスをすると選手の集中とその強さが低下する。そこで選手にリラックスしたドリブルをさせるのである。ドリブルを終えて戻ってきた選手は集中のレベルと練習の質を取り戻すことができる。

ジム・テイラー（1998）は、集中とその強さを習得する練習の4原則を明らかにしている。

原則1：練習の目的は効果的な技術、戦術、そして心理的スキルや習慣を身につけることである。

原則2：試合で選手がしなければならない全てのことは、まず練習でやっておく。

原則3：メイン練習（セッション中常に高いレベルで練習しなければならないトレーニング）には明確な目的と強い集中や強度が要求される。

原則4：矛盾のない練習は矛盾のない試合パフォーマンスをもたらす。

表4・1では、練習のある側面を強調することによって集中するスキル（目の前の課題に注意を向ける能力）と強度を調整するスキル（その注意の度合いと持続）を身につけさせるにはどうすればよいか

を明らかにしている。

集中力を身につける

Building Concentration

集中力を身につけるための方法がいくつかあるので紹介する。

◆自分のスタイルを知る

各選手に合った効果的で実行しやすい集中のためのルーティンを選ぶことが重要である。選手の中には周りの状況を完全に自分でコントロールできる1人

表4.1 練習で集中とその強度を身につける方法

集中のスキルを身につける方法	
現実的で厳しい練習を実施する	練習の質を評価する
準備と指導	何に集中すればよいかを知る
いつ集中を緩めるかを知る	決定的な瞬間を認識する
集中を崩さずにミスに対処する	気持がそれた後、集中し直す
集中を高めるためにキーワードや動作を利用する	集中を高めるチームの合言葉を利用する
集中力が欠けたら怒る	よい集中を見せたときは誉める
集中の強度を身につける方法	
エネルギーを貯えるためにトレーニング前にリラクセーションを行う	強い集中に対応できる体力をつける
覚醒水準のコントロール方法を身につける	ポジティブな自己への語りかけを用い、コミットする
妨害要素に備えたり、避けたりする	コントロールできる事柄に集中し、コントロールできない事柄は無視する
強い集中から半集中やリラックスした集中に切り替えるタイミングを知る	さらに強い集中とスイッチを入れることが必要な鍵となる瞬間を認識する

になれる場所で行うルーティンを好む者もいる。一方、周りの人たちとやりとりしながら、実際に他の人たちの影響を受けながら行えるルーティンを希望する選手もいる。

選手は自分が好む集中の方法を選び、必要なときに行えるルーティンとそのやり方を身につけておくとよい。集中の仕方とその強さをコントロールする心理的スキルは身体的テクニックと変わらない—つまり、繰り返し練習することで習慣となり、いずれ無意識のうちにできるようになるのだ。

このような心理的習慣は、集中力が崩されそうなストレス状況をうまく乗り切るのに役立つ。理想的なパフォーマンスを発揮する状態をよく無意識の状態と言う。そのような状態のとき、選手は自信をもって練習で身につけた身体的、心理的習慣をそのまま出せるのである。

◆切り替えゾーンの設置

選手たちは各自違った家庭環境や生活習慣から抜け出して練習や試合にやってくる。私は、選手たちが抱える集中力の問題は様々な理由から起きていることに気づいた。ジョン・ウドゥン(1972)は、選手になるために入れる集中と強度のスイッチを次のように表現している。「練習に来たら、個人として存在することを中断する—チームの一部になるのだ」。

生活の一面が練習や試合にまで持ち込まれるといったトラブルを遮断する切り替えゾーンを設けることは、選手にとってもクラブにとっても必要かもしれない。このようなゾーンがあれば、サッカーをするときはスイッチを入れ、家に帰るときはスイッチを切ることができ、選手はその場その場で1つのことに集中できるようになる。

マンチェスター・ユナイテッドは〝ボックス〟—選手が円陣を作り、中にいる2人のディフェンダーにボールを取られないようキープする—をしてから練習を始めることで選手に切り替えさせていた。練習するためにフィールドに来た選手に黄色のビブスが渡され、それを渡された人がディフェンダーになる。この決められたルーティンを行うことで選手全員がスイッチを入れることができ、コーチは選手の集中が整い、質の高い練習を始められることがわかるのである。

一方ダービー・カウンティーは切り替えゾーンとしてミーティングルームを設置し、選手はそこで練習を始める気持をかためていた。リラックスチェア、音楽、一般ビデオ、サッカーのビデオ、そして心構えをプログラムする短い会話などが、頭の中で、プライベートからプロとしての責任を果たすモードに切り替えるのを助けるのである。スイッチを切り替えることで集中力が高まり、練習の質も高まる。

この切り替えを自分で行いたいと思う選手は、車の中でテープを聴いたり、集中するためのメッセージカードを読んだり、1人で静かに集中できる近くの場所まで散歩をするなどして練習に備えるとよいだろう。

◆目標を設定する

何のために毎日練習したり試合を行ったりするかを常に考えることは選手にとって大切である。明確な目標を設定していると、

●優先すべき事柄に集中できる。
●妨害要素を遮断できる。
●目標達成のために必要な努力ができる。

自分の目標を設定することで選手自らが集中力を高めることもできるが、コーチが毎日の練習で明確な目的を掲げたり、選手が自分の役割をきちんと認識できるような詳細なゲームプランを試合ごとに与えることで選手の集中力を向上させることができる。

◆リラックスしてエネルギーを温存する

集中力を持続させるのはそれだけで疲れる作業なのに、選手は全力でプレイしなければならないことが多い。懐中電灯の例えに戻って考えてみると、バッテリーは確実にフル充電しておかなくてはならないのである。それにはリラクセーションとエネルギーの温存が必要不可欠だ。

アメリカンフットボールの偉大なコーチ、ルー・ホルツ（1989）は、ノートルダム大学の選手を

試合前日に集合させ、彼自身で1時間半のリラクセーションのセッションをほどこしたという。

練習に関しては努力を惜しまないのに、リラクセーションに時間と労力をかけようと思う選手やコーチは少ないようである。自分たちに合ったリラクセーション方法を学んでおくことは、いずれ必ず役立つだろう。

◆準備を怠らない

集中するためのルーティンを身につけようとしている選手は、自分が試合で必ずしなければならないことと、するかもしれないことをなるべく多く知っておく必要がある。それから集中する対象に優先順位をつけ、それぞれの状況に応じた効果的な解決策を考えておく。

以下のいくつかのアイテムは集中とその強度の準備を整えるのに役立つ。

- ●自分の役割を把握する。選手各自がコーチから与えられた明確な〝役割〟について納得していなければならない。
- ●チームの戦術的フォーメーションと照らし合わせて自分のポジションの役割と責任を理解していなければならない。
- ●相手を知る。相手をよく知る経験豊かな選手は、相手の強みと弱みを考慮して集中するための優先順位を明らかにする。

●練習プランを立てる。コーチは選手にいつ、どこで集中と強度のトレーニングを実施するかをはっきり伝えたうえで、身体的練習と心理的練習の両者を兼ね備えたドリルをさせなければならない。

●ゲームプランを立てる。コーチは勝つためのプランを持ち、試合中に起こり得る事柄が予測できている場合は、選手はその骨組みを利用して自分で集中プランを立てることができる。

選手はこれらの情報を元に試合をイメージして―頭の中で現実的なことを前面にもってくる―個人的な集中プランを立てるとよいだろう。このプランは、もちろん、集中とその強度のトレーニング方法に関するチームのコンセンサスと合致していなくてはならない。**表4・2**は、イングランドのアンダー18のチームが国際試合に向けてどのようなことを身につけていったかを示している。

◆覚醒水準の調整

選手は自分の覚醒水準をチェックし、それを調整する方法を学んでおかなくてはならない―覚醒水準が高すぎると感情的なコントロールが効かなくなってエネルギーを消耗する。逆に低すぎると、必要な集中の強度が確保できなかったり、やる気が出なくなったりする。

選手の心理状態によって、(a)体に刺激を与える、エネルギーを高める思考をする、自分に檄をとばす、やる気を高める音楽やビデオなどによって心理的に高揚させる、(b)深呼吸する、ペースを落とす、リラ

表4.2 最高のパフォーマンスのための準備

イングランドアンダー18チーム、1998年6月：チームの計画/反応

前日にすべきこと：	・ポジティブでリラックスした気持で過ごす ・短い練習をする－セットプレイなど ・プロとしてふるまう：ライフスタイルなど ・よく食べ、よく寝る ・自分たちの役割や責任をイメージする
試合当日にするとよいこと：	・勝つことに集中する ・全ての妨害要素を避ける ・適切に食べ/飲み/休む ・ポジティブな自己への語りかけを実行する ・調子を整える－時間通りに

試合当日ロッカールームに着いたら：

以下の事柄に集中する：	他の選手が援助できること：	望ましいコーチの言動：
・エネルギー/覚醒水準を高める ・集中の範囲を狭める ・個人的準備－身体的 ・個人的準備－心理的 ・各自に与えられた役割のリハーサル	・ポジティブな話/スピリット ・各自を尊重する ・コミュニケーションをとる ・ポジティブな事柄を思い出させる ・適切なユーモア	・ポジティブな話をする ・各選手への指示を再確認する ・大事なチームへの指示を再確認する ・話し過ぎない ・不安な様子を見せない

効果的なウォーミングアップは：	・全員が参加する ・全員が集中する ・試合で行う要素が取り入れられている ・楽しい内容である ・急いで行わない－ゆったりした気分を感じる

試合開始直前のロッカールーム：

望ましい雰囲気は：	集中すべきことは：	考えてはいけないこと：
・連帯感 ・真剣だがリラックスしている ・コントロールの効いた攻撃性 ・自信に溢れている ・プロとしての自覚がある	・覚醒水準を高める ・自分の役割 ・チームを助けること ・スイッチをオンにする ・準備OKという気持になる	・マイナスな事柄全て ・前の試合 ・ミス ・けが ・負けること

以上のことができたら試合はこうなる：	・熱狂的 ・集中している ・コミットできる ・リラックスできる ・エネルギッシュ ・団結できる ・攻撃的 ・大胆

クセーションを行う、笑顔を浮かべる等によって気持を落ち着かせるかのいずれかを行う必要がある。

試合で集中する

Concentrating in the Game

集中力を乱す様々なことがサッカーでは起きる。しかしながら、もし選手が自制心を身につけていて、危機的場面に直面しても自分の思考をコントロールできるのであれば、集中を乱されることはない。これから紹介するいくつかの方法は、試合中に思考をコントロールする自制心を選手が身につけるのに役立つだろう。

◆不安の処理

どんな選手でも不安を感じる。しかし、優秀な選手はそれをうまく処理する方法を学んでいる。ミスをした後によくあることだが、試合中不安に襲われたときに有効な回復方法は次のようなものである。

- ●呼吸をコントロールする。
- ●緊張を体から吐き出す。
- ●ポジティブな気持になるように自分に語りかける（ポジティブセルフトーク）。
- ●恐怖心を流し去る。

●目標を思い出し、その達成のために自分を奮い立たせる。

◆パフォーマンス・ルーティンを身につける

試合が大きくなればなるほど、よいパフォーマンスの習慣が物を言う。もし選手が何年も真剣に練習に取り組んできたなら、どんな状況にも対応できるだけのパフォーマンスが記憶として貯えられているはずである。例えばバレリーナは、土曜日の公演で演奏が始まった瞬間にステップを忘れても大丈夫なように月曜日から金曜日まで一生懸命練習するという話を昔聞いたことがある。このように自動的にパフォーマンスを行うということは何も考えない状態だと言える――これが究極の思考コントロールだ。

◆パフォーマンス・キューを使う

選手は特に疲れてきたりすると試合中でも気持が途切れることがある。そのような場合、多くの選手は集中を取り戻すために大声を出したり、素早く体を動かしたりする。集中や頑張りを促す合図としてチームメイト同士で次のようなことをする場合もよくある。

ブライアン・ミラー（1997）は、ラグビーのプレミアリーグに所属するチームでトライラインを守っていたとき、〝レッドゾーン〟と叫んでチームの集中を高め、リスクのない戦術を強調し、確実なタックルを促す合図にしたと述べている。

◆妨害要素のコントロール

試合で集中力を失うのは、妨害要素に対処するだけの心の強さがないためであることが多い。多くの妨害要素は予測が可能なので、準備も可能なはずである。例えばアウェイで試合をする場合、コーチからしっかりアドバイスを受けている選手なら地元応援団のやじを聞き流すことができるだろう。勝率を高めるには、注意やエネルギーをコントロールできない事柄—とりわけ審判や相手など—に対して無駄に費やすのではなく、自分たちがコントロールできることに向けるべきである。

完全な集中とは、気持をここと今に留めることである。しかしながら、終わってしまったミスを気にしたり後悔したりして、選手の気持が過去に戻ったり、結果を予想し始めることで気持が未来に飛んだりすることがよくある。

『サンデー・タイムズ（1994年2月7日）』の記事の中でビリー・ジーン・キングは、ウィンブルドンテニスの決勝でどのようにしてマルチナ・ナブラチロワを集中させたかについて次のように語っている。

とにかく彼女に今を考えさせることしかできなかった。そのゾーンに入ればボールはバスケットボールぐらいの大きさに見えるし、時間はゆっくり過ぎるように感じられることはわかっていた。今のボールに集中しなくてはならない。過去や未来に気持をスリップさせては駄目。彼女が

（過去あるいは未来の）夢を見ているようなら、私は彼女を現実に引き戻す。その前の試合で私は気持を切り替えさせるためにロッカールームの壁紙はどうなっていたか彼女に説明させた。秘訣は、試合中彼女が自分でそれができるように教えておくことだ。

したがって選手は結果ではなく過程に気持を向け、刻々と変化する状況に集中することで正しい反応を選択し、今をうまく乗り切れば結果はおのずとついてくると信じていればよいのである。

何年か前に私は元オールダム・アスレチックの監督、ジョー・ロイルをサポートしたことがある。彼のチームは昇格が見え始めると必ずあがってしまったからである。私はボート競技を引き合いに出して次のようにアドバイスした。

ボート選手にはフィニッシュラインが見えないことを思い出して欲しい…終わりは見えないけれど、動きのパワー、効率、効果に集中し続けることが相手を引き離し、ゴールに導き、勝利につながることを選手は知っている。

◆疲労に打ち勝つ

試合で集中力を乱す最大の要因は疲労―身体的であれ、心理的であれ、両者であれ―である。だから選手は常に体力をつける努力をし、適切にエネルギーを温存するための試合のペース配分について考えておかなくてはならない。イングランドチームが暑い気候の外国で試合をするとき、私たちはハードにではなくスマートにプレイするようアドバイスしている。

効率的に集中するには、常に戦況に気を配り、完全な集中から半集中やリラックスした集中に切り替えてもよい状況を把握しなければならない。

このようなスキルを学習していない選手やチームは、疲労から気持がそれだす前後半の終わり頃にその代償を払うことになる。1998年から99年にかけてのイングランドプレミアリーグで、38試合を終えた段階でダービー・カウンティーは20チーム中11位だった。もし前半だけで試合が終わっていたら、ダービーは優勝していただろう！　試合開始からの60分間ではダービーは24点の失点であった。しかし終盤の61分から90分の30分間で25点も失点している。元気なうちのダービーはディフェンス力のあるチームだが、疲れてくるとディフェンスが弱くなる。

◆決定的瞬間

サッカーの試合は、プレッシャーをかけ合う時間があったり、試合を決定づけるような瞬間が突然おとずれて中断したりと、リズムのある流れで展開する。選手はできるだけこのような瞬間を予測する方法を学んでおくべきであろう。そして、そのような難しい局面にしっかり対応できるように完全に集中したり、準備を整えたりしておかなくてはならない。

ダービー・カウンティーでは、毎週コーチたちが前の試合の決定的場面を編集した短いビデオを選手たちに見せていた。これまでの経験から、決定的な瞬間は、我々に有利であろうと不利であろうと、次のようなときにおとずれるのが多いことがわかった。

- ●特にアウェーでの試合の場合、試合開始直後
- ●最初のコーナーキック
- ●危険な位置からのフリーキック
- ●得点が入った後の逆襲
- ●中断後に集中し直したとき
- ●退場処分になった選手の言動に反応したとき
- ●追いつこうとしている、あるいは逃げ切ろうとしているときの最後の2～3分。

集中するためのコーチング

Coaching for Concentration

サッカーのような複雑で動きの速いスポーツの試合中に、いつ、何に注意を払い、どの情報を選び、どの情報を切り捨てればよいかについては、コーチが選手に教えるべき心理的スキルである。プレッシャーから選手を守ってくれる習慣を身につけさせるには、コーチは毎日の練習で、そして試合後のミーティングで選手にアドバイスを与えなくてはならない。

したがって、選手を指導する際、コーチは次のことをすべきである。

●疲労による集中力の低下を食い止めるため、選手の体力を強化する。
●個々の選手に注目し、それぞれの集中スタイルを把握する。
●結果に対する集中ではなく、過程に対する集中力を強化する。
●練習や指導の内容を試合への準備と関連させる。
●選手の役割、組織プレイにおける動き、そしてセットプレイ（例えばコーナーキック）での役目に応じて集中の優先順位を明確にして、各選手に指示を与える。
●集中力が途切れる場面を選手ごとに明確にする（ビデオによるフィードバックは簡単でわかりやすい）。
●妨害要素となり得る事柄を減らし、集中する対象の優先順位をわかりやすくするゲームプランを選手に与える。
●覚醒水準の調整方法を学ぶ。

コーチは、以下のようなことで試合環境を整え、選手の集中力を高めることもできる。

●選手にとってなるべくストレスにならないよう、組織機能を円滑にする。
●選手の集中を高めるルーティンを開発する。
●試合当日の流れを中断させる外部的妨害要素の影響を阻止する。

- ●マイナス思考や不安といった内面的妨害要素から選手の気をそらす音楽やビデオを用いてロッカールームの雰囲気をよくする。
- ●1人になりたがる選手がいても心配しない。
- ●干渉し過ぎない。

Summary まとめ

選手の心構えやそれに伴うパフォーマンスは自信の程度、平静さ、そして集中力によって決まる。集中力は選手が学ぶことのできるスキルである。練習によってそのスキルは習慣となり、集中が途切れる危険性を最小限にすることができる。大きな試合になればなるほどそれを身につけているかどうかが勝敗に影響するだろう。選手は、どうやって、いつ、試合のどの場面で完全な強い集中から警戒しながらもリラックスした注意にスイッチを切り替えればよいかを学んでおく必要がある。

集中力とは適切な練習を繰り返すことで獲得できるスキルである。自分に与えられた役割の中で優先順位の高い事柄に思考やエネルギーを向け、妨害要素を避ける方法を学ぶことで選手は集中力を身につけられる。そしてコーチは、いい集中ができたときはそれを認め、集中がそれたことで流れが不利になったときには叱り、試合当日に発生し得る妨害要素を最小限にすることで選手を助けることができる。

注意を集約すること、注意を分散すること、2つの集中力がある

サッカー選手も人間ですから、練習や試合に臨む際に、様々な感情を引きずったままのことが多くあります。私生活で何か心配事があると、例えば車を運転しているときにもそのことが気になったり、誰かの話を聞いているときにもそのことを思い浮かべたりすることがあります。本来は、車を運転すること、話を聞くことに集中しなければならないのですが、それができない場合があります。これと同じような心理状態で練習をしなければならなかったり、試合のキックオフの時間を迎えたりすることは、選手にとってよいことではありません。

通常の練習時間は、ほぼ120分以内でしょう。大人の試合時間は90分です。この限定された時間に、サッカー以外のことに意識を奪われないように準備すること、これが集中力を保つということの1つの要素です。

本書では、精神的な〝切り替えのゾーン〟を作ることの重要性が指摘されていますが、この場所を通過したら集中するんだ、こういう行動＝一種の儀式の時間を経た後には集中が増す、選手にそのルーティンを示すことは非常に重要なのではないでしょうか。

プレー中の集中力を保つというもう1つの要素は、注意をいかに分散させたままにできるかということです。〝サッカーに関連すること以外は余計なことを考えない〟という集中力と、〝1つのことに心を奪われないで起こり得る様々な可能性に意識を分散させておく〟集中力が必要だと思います。

サッカーでは〝ボール・ウオッチャー〟になるという表現をよく使います。これは、ディフェンダーがボールに意識を奪われて、ゴール前にいる敵の選手をフリーにしてしまったときに使われます。相手の攻撃を止めるときには、当然ボールから目を離してはいけませんが、注意がボールだけにいってしまうと、ゴール前に走り込む選手をマークしきれずに失点してしまうのです。ボールだけでなく、そのボールがどこにパスされる可能性があるか、そのパスを誰が受けようとしているのか、刻々と変化する状況に対して、次に起こる可能性を予測しておかなければならないわけです。

サッカーの集中力には、注意を集約させる方向のものと、注意を分散させる方向のものと、2通りの集中の仕方があると思います。

第5章 イメージトレーニング

Visualization—Image Becomes Reality

●●●●●

イメージしたことが
現実となる

コーチが絵を描く――シンプルなものほどよい。

……イングランドチーム監督、ロン・グリーンウッド

イギリスで開催された1996年のヨーロッパ選手権で優勝したドイツは、イングランドサッカーの本拠地、ウェンブレイスタジアムでイングランドと戦わなくてはならなかった。コーチは、そのスタジアムでプレイした経験が1度もない選手が何人かいることを知っていたので、試合の前日、選手やスタッフを含めたチーム全員をスタジアム見学に連れて行った。イギリス国歌がドラマチックに大音響で流されたり、イングランドのファンが大声援をおくったりしているのを目の当たりにしたドイツ選手たちはその環境に次第に慣れてきて、自分ならこのストレスにどう対処するかをイメージし始めたのである。

若くて才能豊かな国際的プレイヤーが、大きな大会の2日前になると試合を想像することが止められずよく眠れなくなると私に訴えたことがある。彼に、「オリンピックの十種競技で優勝したダン・オブライエンもそうだった」と伝えたら楽になったようであった。このようなイメージをすることは優れた選手の特徴と言える。頭の中のビデオで試合中に起こり得る様々なことを再生しておくと、ストレスの元になる事柄をうまく処理できるようになり、試合の準備に役立つことを知っているのだ。もちろん、自分が優勝しているところを選手全員がイメージする。そして、想像したことが現実になるということ

を実感するのだ。

サッカー選手の最大の武器は心である。偉大な選手とは心と体を完全にコントロールできる者を指す。信じる力については、成功者の記録としてたくさん残されている。私は過去に活躍した偉大なプレイヤーの伝記や自伝を読むように選手たちにアドバイスしている。本書では選手のソフトウェアをプログラミングし、高いレベルの自信、集中力、そして平常心を身につけさせることの重要性を繰り返し強調している。これらのほとんどはコーチの指導によって身につけることができるが、この章では選手が自分自身でプログラムできる心理的スキルについて述べる。それは、難しい局面でも動きを的確にコントロールするための、パワフルでポジティブな心のビデオテープをイメージによって作成するスキルである。

エルマー＆アリス・グリーン（1997）はこのプロセスを次のように見事に表現している。

自分たちは遺伝や条件づけや偶然だけに支配されているのではないと気づき始めたときから私たちの人生は変わりだした。自然はこれまでと違った反応を見せ、起こりそうもないことも、イメージすると次第に起こり始めた。伝え方さえ知っていれば、私たちの体は言われた通りのことをしてくれる。

難しい場面で成功を収めるためには、サッカー選手は自分の写真―何が襲ってきてもきちんと対処できる優秀な選手としての自分の姿―をしっかり頭に焼き付けておかなくてはならない。全ての感覚を用いて、心の中に経験を再生したり作り出したりすることは、自分の写真を作成するのに必要な心のテープを頑丈にするプロセスと言える。鮮明なイメージを思い浮かべることで、選手は試合そのものと試合で必要な全ての要素を頭の中で再生することができ、対処への自信と戦略の準備をする心理的青写真が作れるのである。

The Process of Visualization

イメージトレーニングのプロセス

この心理的スキルを取得するには、自分がサッカーをしているところがイメージできなくてはならない──サッカーをしているところが見え、聞こえ、感じられ、できれば匂いまでするとよい。心理的な混乱や妨害要素を避けるためには、イメージと深いリラックスを組み合わせて行うとよいだろう。それからイメージした動きに意識を集中させるのだ。その様子をリンチ（1986）は次のように説明している。

イメージがかなり鮮明になってくると、中枢神経はそれらが本物なのかイメージされたものなのかを区別ができなくなる。体はどちらにも同じように反応してしまうのだ。したがって、様々な動きを事前に正確に思い描くことができる選手は、それらの動きを再生できる可能性が高い。実行する前から〝練習済み〟という感覚があるのだ。

イメージはリハーサルだと考えればよい。ある課題に慣れたような気分にさせてくれる練習の1つである。

選手はより現実に近い感覚やより大きな効果を得るために、サッカー場の景色、体の感覚、音と匂いなどを頭の中に再生する努力をするとよい。そして自分がその景色の中に立ち、正しい動きを選択し、動きを効果的に実行し、観客の歓声やコーチからの誉め言葉が聞こえている様子をイメージするのである。イメージの秘訣は、「ポジティブなイメージは選手の記憶として残る」ということだ。選手は同じような状況が試合で起きたとき、その記憶にアクセスすることができる。何か参考にするものがあれば、完全にお手上げ状態になることはないだろう。

イメージは練習すればするほど正確になっていく。記憶を呼び起こす力は強くなり、イメージへのアクセスは容易になり、気持をサポートする力はより強固になるので、やる気と自信を一気に高

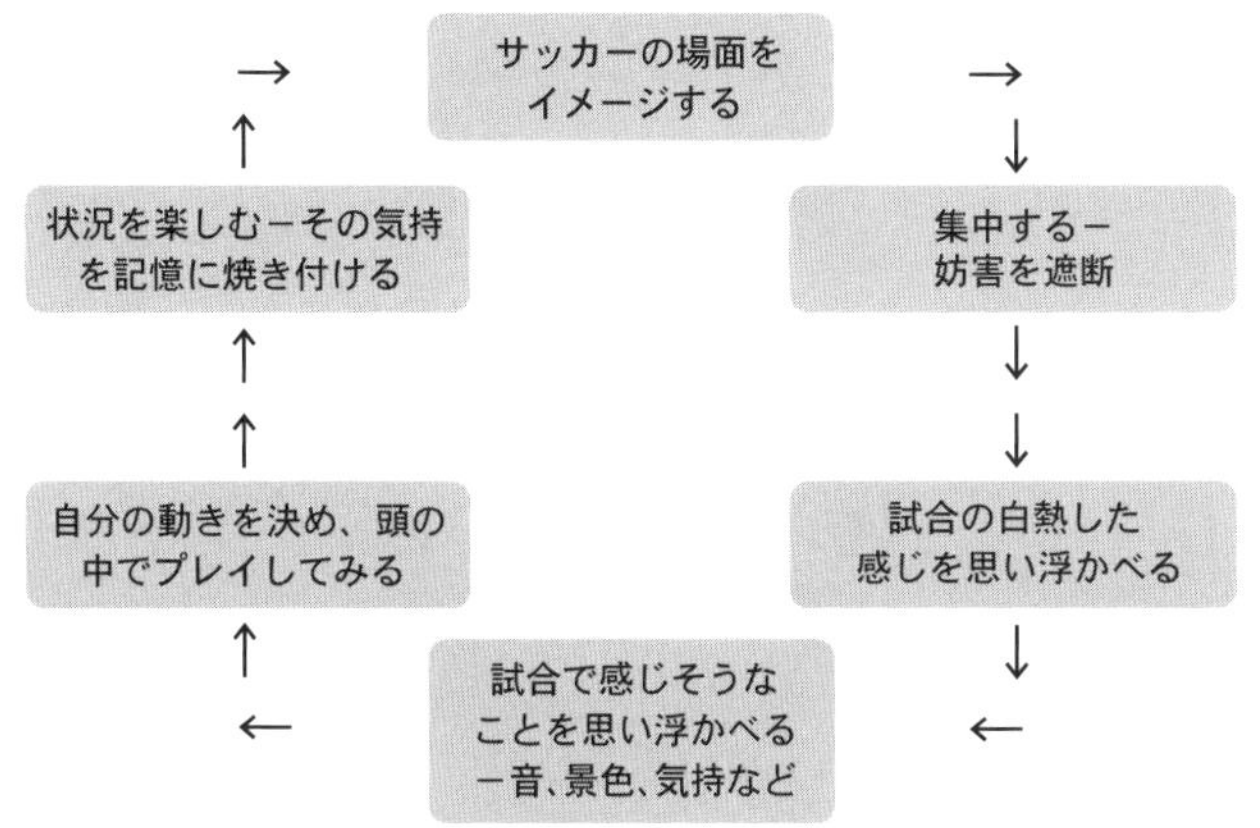
サッカーの場面をイメージする
集中する－妨害を遮断
試合の白熱した感じを思い浮かべる
試合で感じそうなことを思い浮かべる－音、景色、気持など
自分の動きを決め、頭の中でプレイしてみる
状況を楽しむ－その気持を記憶に焼き付ける

図5.1 イメージのプロセス

表5.1	イマジネーションの有効な利用

自分の声で以下の内容をテープに録音し、しっかり組み立てられた思考パターンへ導く案内として利用するとよい。

試合の光景、音、気持などをイメージすることに集中する

1.楽な姿勢をとり、眼を閉じる

2.気持を楽にし、自信と誇りを持つ

3.大きなスクリーンのある映画館で心地よい椅子に座っているところをイメージする

「あなたがスターだ」

「気分がよく、活き活きとして、健康的だ」

「サッカーをするのは素晴らしいことだと知っている」

「今日の主役はあなただ」

「チャンピオンになった気がする」

「いい動きをしている」

「今日の主役はあなただ」

「自分を祝福するとよい」

「自分に誇りを持つとよい」

「もしミスを犯しても、自力で立ち直れることをあなたは知っている」

「今日の主役はあなただ」

「疲れているけれど満足している」

「自分の体と心に感謝する」

「あなたはいつでもこの気持を再生できることを知っている」

スポーツ心理学者、ジョエル・フィッシュが1996年にフィラデルフィアで開催された全米サッカーコーチ協会の会合で発表した台本めてくれるだろう。**図5・1**はイメージの一般的なプロセスをまとめたもので、**表5・1**は選手がどうイメージのプロセスを構成したらよいかを例示したものである。

イメージの利点

The Benefits of Visualization

選手やコーチがイメージによって得られる効果として、次のようなことが挙げられる。

- ●自信が強化され、自分を勝者と思うことができる。
- ●自己コントロール力がつき、対処戦略を身につけることができる。
- ●試合で経験することを頭の中で練習しておくことができる。
- ●妨害要素を遮断し、集中する方法を学ぶことができる。
- ●リラックス感を高めることができる。
- ●適切なエネルギーレベルを保つために心と体を連結させることができる。

最大限の効果を得るために、選手は以下のアプローチを取り入れるべきである。

- ●リラックス―心が落ち着いていることが不可欠である。
- ●全ての感覚を用いる―イメージが鮮明であればあるほど成功する可能性が高まる。
- ●プラスのイメージを思い浮かべ、いいプレイをしている様子を常に見たり感じたりする。

●プロセスに意識を集中させる。目標とする結果を直接イメージするのではなく（写真）、目標とするパフォーマンスに至るプロセス全体をイメージする（映画）。
●何も省略せず、細部まで全て思い浮かべて、できるだけ詳しいイメージにする。
●一生懸命イメージトレーニングをすることでその効果を信じる気持を表し、イメージしたことが現実になると信じる。
●諦めない——効果を実感するまでには時間がかかるが、短い時間でも続けていれば必ず効果が現れる。

パフォーマンスを高めるためにイメージを利用する

Using Visualization to Improve Performance

イメージは選手やコーチが修正したいと思うどんなパフォーマンスにも使えるが、特定の場合に特に効果があることがわかっている。

◆スキル学習と練習

イメージトレーニングと身体練習を組み合わせて実施すると最も学習効果が上がることは実証済みである。つまり、動きを頭の中でリハーサルすることでソフトウェアをプログラムし、体を動かすことでハードウェアをプログラムするわけである。デビッド・ギルボルネ（1999）は、ピッチで行うあるスキルにおける刺激と反応のプロセスを詳細に思い浮かべることでイメージの台本を書き上げればよいと述べている（**表5・2**参照）。この記述式イメージトレーニングでは、選手はそのイメージに含まれる全ての詳細なデータに注意を払わなくてはならない。

例えば、典型的な台本には他の選手、ボール、グラウンドに食い込むスパイクの感触、観客の発する騒音、動きの感覚、ダッシュやひねりやジャンプや着地をしたときの筋感覚の変化、そしてそれらに伴う気持など、その場の状況に関連した細かな情報を含めるとよい。

◆戦術や戦略の理解

いいパフォーマンスを発揮するためには、選手はチームの戦術とそれに応じた自分の役割を理解しておかなくてはならない。チームが突然戦術を大きく変えなくてはならないとき―これはトーナメント形式の試合をしているナショナルチームでよく起こること―、唯一できる準備があるとすれば、チーム全体に「もしこうなったら、我々はこうする」という形のイメージをさせておくことかもしれない。

◆心理的ウォーミングアップ

試合に備えて心の準備を整える方法はいくつもある。しかし、その多くは何らかの形でイメージを用

表5.2 技術習得のためのイメージ台本

テクニック：走り込んできてファーポストへクロスを上げる

刺激の例
1.ディフェンダーが自分をフィールドの内側に行かせようとしているのが見える。
2.センターフォワードが「奴と勝負しろ」と叫んでいるのが聞こえる。
3.足元にあるボールとそのボールの上にある膝が見える。
反応の例
4.インサイドに動いたときに肩が下がったのを感じる。それと同時に私の左足がボールを前に蹴り出した。
5.右足でしっかりボールを制御し、靴の下のグラウンドの感触がわかる。（ボールの後を追って加速すると）両腕が激しく動いているのを感じる。
6.「走り込んでクロスだ」と考える。
刺激の例
7.ペナルティーエリアを見渡すとスティーブがファーポストから離れて行くのが見える。
8.集中をボールに切り替える。
反応の例
9.「ディフェンダーの頭越しにボールを上げなくてはならない」と考える。
10.ストライドを合わせてから足がドンピシャのタイミングとリズムでボールを蹴ったのを感じる。
11.体を反らせてから左足でボールをしなやかに蹴り出すのを感じる。
12.ボールがペナルティーボックスへ弧を描いて飛んで行くのを見ながら、自分の体のバランスが崩れるのを感じる。

出典：Gilbourne,D. 1999. Insight - The Football Coaches Association Journal. 第3巻、2号。

いている―つまり、頭の中で試合のリハーサルを行うのである。選手はよく静かに座って試合開始後の自分のプレイ―ファーストタッチ、最初のタックル、最初のヘディングなど―に必要な集中力を頭の中でリハーサルする。私は時々ストライカーたちに、ファーストタッチが90分の中で一番得点しやすいチャンスなので、準備だけは整えておくようにアドバイスしている。あるいは、その試合のポイントを8～10の単語にまとめたり、短い文章で表したりしたものをカードに書き込み、試合直前にそのカードを読むのも選手にとっていい方法だ。

◆パフォーマンス・ルーティンのリハーサル

選手は何も考えずにプレイすることが多いが、ペナルティーキックやコーナーキック、あるいはフリーキックの場合には考える時間があるので自分の動きをリハーサルすることができる。最近のサッカーで特に重要な局面はペナルティーキックである。試合と同じペナルティーキックの雰囲気を練習場で再現することはできないが、イメージを用いれば気持が乱れる場面への心の準備をさせておくことができ、「ここぞ」というとき頼りにするパフォーマンス・ルーティンを選手に身につけさせることができる。そうすればセンターサークルから歩いて行く間に効果的なルーティンを頭の中でリハーサルすることができ、そのことによって妨害要素に邪魔されないだけでなく、いざという場面で自信を高めることもできる。

◆ストレスへの処理

ストレスを感じない選手などいないが、優秀な選手はその対処方法を知っている。選手の中にはそれを利用してひと回り成長する方法を学ぶ者もいる。ストレスの影響を受けやすい選手には、本人が予想した台本を書き変えるためにイメージを使わせるとよい。そのような選手に厳しい試合をイメージさせると、ストレスを感じるような場面を想像することが多く、内面のテープをネガティブにプログラミングしてしまう。コーチ、スポーツ心理学者あるいはチームメイトは、その選手の実力、経験、過去の成功、チームの長所などを思い出させることでその映像を変えることができる。

私は選手によくこう質問する。「起こり得る最悪のことは何か？―君はそれに耐えられるか？」と。最も効果的なイメージは、以下の内容を思い浮かべることで、そのときの気持まで想像した場合である。

●もしこれ（ストレスの元となる可能性のある事柄）が起きたらどうするか？
●どんな気持になるだろう？
●そうなったら私はこうする。
●そうすれば私は自己コントロールを取り戻せる。

例えばイエローカードを出された場合、怒りと罪悪感が湧いてくるだろう。しかしチームのためにそれ以上のトラブルを招かないようにしなければならないことを思い出し、コントロール力を取り戻すのである。

瞑想やヨガのようなリラクセーションテクニックを組み合わせるとより行いやすくなるだろう。

◆自信の構築

勝っている場面を想像する選手ほど勝てるプレイが実行できる確率の高いことが明らかになっている。厳しい闘いに立ち向かう内面的強さを選手に求めるなら、選手たちに自分はどんなにいいプレイができるか（どんなにひどいプレイではなく）を思い出させる方法をチームとして見つけておかなくてはならない。そのメッセージはイメージが現実となるくらい強いものであるべきだ。ダービー・カウンティーで仕事をしていた頃、チームには批判的な雰囲気が漂っていたが、私はそれをポジティブな強化が根底に流れる雰囲気に180度転換するのを手伝った。選手は誉められることが多くなり、私たちは、選手全員がいいプレイをしている場面を編集したビデオを用いて、雰囲気作りを支援した。自尊心の強い選手ほど、パフォーマンスについて注意されても傷つくことなくその指摘を受け入れることができる。そのような選手の内面テープは、注意されたとしても勝者としての自分の姿を再生し続けられるのである。

◆けがからの復帰

突然のけが―そしてその結果として生じるチームとの関わりや楽しさからの離脱―は、選手の体だけでなく心も傷つける。ここでもまた、選手にはそのけがをどう捉えるかという選択肢がある。

● 「何てひどいことになってしまったんだ」と考え、ネガティブに受け取める。

● 「残念なことにけがをしてしまった——いつ頃復帰できるだろう？ そして、そのためには何をすればよいのだろう？」と考え、もう少しポジティブに受け取める。

コーチ、メディカルチーム、チームメイト、家族といった選手のサポートグループは、選手がけがやリハビリを気丈に、そしてポジティブにイメージできるように励まして欲しい。リハビリ中に身体練習をすることはできないが、その間のスキル保持にイメージは役立つと考えられている。イメージは回復スピードを早めると考えている理学療法士も多い。

◆エネルギーの調整

心と体はかなり強く結びついているので、選手がある動きをイメージすると体はそれに対する反応の準備を始める。選手がポジティブなイメージを浮かべられるようになったら、体はエネルギーを高めながらいい動きができる準備を開始する。ネガティブなイメージを浮かべる選手はその逆を経験する。

この効果を認識しているコーチは、次の試合に関する諸注意とイメージを選手に伝えるときに気を使う。理想的なイメージを引き出すために、適正なエネルギーレベルを導く情報だけを与えるようにしたいのである。**図5・2**は、ポジティブにイメージできる優秀な選手の多くは、高いポジティブなエネルギー状態にいることを示している。これがまさに我々が試合直前のイングランド選手に求めたリラックスしたレディネスの状態である。

自己満足し切った選手や緊張感の足りない選手は、自分が低いポジティブなエネルギー状態にいることに気づくだろう。リラックスはしているが、勝てる状態ではない。適切な心理的準備を怠ると、リードした後にチームが「プレッシャーがなくなったからリラックスしよう」と勝手に考えてしまうこともある。

勝敗を全く気にしない選手や圧倒されてしまった選手は、低いネガティブなエネルギー状態になっている。様々な改革をするために就任したコーチが、このような状態にチームが陥っていることに気づくことがよくある。そのような場合にまずしなければならないのは、選手たちが持って

	選手のイメージ →	感情の状態 →	エネルギーの状態 →	パフォーマンスの状態
A	–勝者 –ベストな状態 –コントロールできている	–エキサイトしている –楽しい	–高い –ポジティブ	–活動的 –コミットしている –自信がある
B	–のんびりしている –気楽な気分 –リラックスしている	–満足している –落ち着いている	–低い –ポジティブ	–消極的 –やる気がない –すきだらけ
C	–怒りがこみ上げてくる –欲求不満 –リベンジしたい気分	–怒り –興奮	–高い –ネガティブ	–破壊的 –有害 –コントロール不能
D	–憂鬱 –パワーがない –疲れている	–恐れ –悲しみ	–低い –ネガティブ	–消極的 –意欲なし –被害者意識

図5.2 選手のエネルギーとパフォーマンスに対するイメージの効果

いる自分たちと自分たちが置かれている立場のイメージを変えることである。

最後に、最も危険なのは高いネガティブな心理状態である。選手は自分でもコントロールできない感情に支配され、エネルギーを悪い方向に燃やしている。チームや選手が心理的に鍛えられていない場合、試合中の、あるいは試合前のちょっとした嫌な出来事が選手たちのコントロールを失わせ、勝つ確率を低下させてしまうことがある。チームに喝を入れようとしてコーチが怒ることもあるが、選手やチームがそれをよい方向にもっていけるだけ成熟していることを確認しておかないととんでもないことになる。

COLUMN

●クリス・パウエルの物語

ダービーの才能ある成熟した選手クリスは、通常のディフェンスとしての役割に加えてウィングバックの役目も果たすようにコーチに言われた。つまり、ディフェンスとしての責任を果たしながら攻撃の使命も課せられたのである。私に会いに来たとき、クリスは明らかにこの変更に対応できないでいた。クリスとの面接、コーチたちとの協議、クリスの動きのビデオ分析などによって、彼は素晴らしいウィングバックになるだけの身体能力も技術も兼ね備えていることが明らかになった。同時に明らかになったのは、クリスがそのポジションに心理的、あるいは感情的にコミットできずにいたということだった。

私はクリスに自分がウィングバックとしてプレイしている試合場面をイメージするようアドバイスした。そうすることによって次第に次のことを明らかにしていった。(a)身体的、技術的、戦術的要素を網羅した彼に与えられた役割の詳細な内容、(b)それらの役割に対するクリスの考えや感情。

自信や判断力に問題があることを私たちは突き止めることができた。クリスにとってディフェンスは最大にコントロールを発揮できる技だったのに対し、攻撃はリスクを伴うギャンブルだったのである。だから攻撃参加のためにハーフウェイラインを越えると、自信や判断力が急降下してしまっていた。

そこで私たちは、ウィングバックとして前向きに攻撃参加しているときの動き、考え、気持を、彼自身によるイメージトレーニングや私とのディスカッション、ビデオチェックなどを通して、クリスに心理的にシミュレーションさせることを開始した。我々が常にクリスに強調したのは、うまくいった攻撃のイメージを思い描き、その動きに伴う全ての感覚を動員してイメージすることであった。進歩の程度は週ごとの分析や前線での攻撃にクリスがどう貢献したかを観察することでモニターした。コーチングスタッフと私は彼の進歩を誉め称え、強化した。

我々はゆっくり時間をかけてクリスの頭の中から心理的、感情的バリアを取り除き、自分を信じる気持ちを強化していった。攻撃の際クリスは徐々に、以前より大きな自信と判断力を見せ始めた。遠慮するのではなく自分から積極的にボールを求め出したのだ。クリスは問題を克服し、プレミアリーグで2得点をあげ、その年の最優秀クラブメンバーに選ばれた。ピッチの上での新しい役割を果たすために、選手は心理的ギアをシフトできることを証明したのである。イメージは選手が自由に使える道具の1つである。心をクリアにすれば足は従う。

Summary まとめ

イメージは、厳しい試合に立ち向かうために選手やチームが利用できる心理的準備のための道具である。プラス思考とポジティブな動きをする可能性の間に関連のあることが明らかにされている。だから選手は自分が素晴らしいパフォーマンスを発揮しているところをイメージするとよい。想像したことが現実になることはよくある。

イメージは、自信をつけるため、ストレスに対処する方法を身につけるため、戦術や戦略を理解するため、けがからの回復を補助するために有効な方法である。重要なのはイメージ―自分をどう見ているか―と気持やエネルギーレベル、ひいては理想的パフォーマンスとのつながりである。心を鍛えれば心は強くなる。選手が成功を思い描けば描くほど、そこに到達するためのエネルギーが生まれてくるのだ。

「彼の頭には地図が詰まっている」。クリエイティブな選手をそう表現する

状況判断の優れた選手、クリエイティブな選手、イマジネーション溢れる選手と表現される選手たちは、間違いなく自分の置かれた状況を視覚化する能力に長けています。

サッカー選手が1試合にボールに触る時間をトータルすると、長い選手で2、3分であると言われており、90分間の残りの時間は、ボールなしでプレーに参加しているわけです。優れた選手は自分のところにボールが来る前に、周囲の状況を見て、次のプレーをイメージしています。このイメージする力をVisualizationと呼んでいるのですが、自分の周りにどのように敵味方が散らばっているか、誰がどのようなアクションを起こそうとしているか、こうした情報を頭の中にインプットしておき、次のプレーの選択肢を増やしておかなければなりません。

「判断力のある選手の頭の中には、ピッチの地図が詰まっている」と言われますが、状況をイメージするときに一番大切なことは、スタンドからピッチを見たイメージではなく、自分の体の内側から見た絵を描くことです。「頭の後ろに目がある」と表現されるように、特に、自分が背中を向けた方向を見て、イメージしておく習慣を作ることが大切です。

最初はなかなかイメージできません。しかし、このイメージを描くこと、視覚化することは、意識して練習している間に少しずつ習慣化されてきます。獣道のようなものです。何度も意識しているうちに、無意識にできるようになってきます。

視覚化には〝場をイメージすること〟が含まれますが、これは、大事な試合の前の緊張のコントロール、あがりの防止など、心理的な準備をすることによって、最も力の発揮できる心理状態にもっていくための方策です。

私も現役時代には、試合の前日にこれを行っていました。国立競技場が最も大きな舞台でしたが、その国立競技場にバスが着き、ロッカールームに入るところから、キックオフの前までの一連の流れをイメージしました。イメージの中で満員の観衆をピッチから見上げると、ベッドの中でも心拍数が上がるのがわかりました。

こういう準備をしていると、本番では不思議なことに非常に落ちついた気分になるのです。普段の力を出すためにも、本書で述べられている視覚化の方法を参考にして下さい。

第6章 メンタルタフネス

Mental Toughness—Building a Winning Attitude

●●●●●●●

勝つ心構えを作る

メンタルタフネスは様々な要素で構成されているので、ひと言で説明するのは難しい。その内容は犠牲的で自己否定的である。そして最も重要なのは、屈服することをよしとしない、鍛え抜かれた意思と結びついているということである。それは心の状態―実際の行動の特性と言ってもよい。

……………………ヴィンセント T. ロンバルディ

1999年のヨーロッパチャンピオンズリーグ準決勝で、ホームの試合を1―1で引き分けた後、マンチェスター・ユナイテッドはユベントスとの第2試合を戦うためイタリアへ向かった。同リーグのホームゲームで14年間ユベントスは負け知らずで、ユナイテッドが同リーグで優勝したのは31年も前であるとテレビの解説者は言っていた。緊張感と威圧感漂う雰囲気の中、ユベントスに最初の12分間で2点も入れられてしまった。全てのイングランド人ががっくりと頭をうな垂れた―赤いユニフォームを着た11人の選手を除いて…。彼らは心がタフであることを証明し、逆境にもめげずにポジティブな気持を保ち続け、結局3―2で逆転勝利を収めたのだ！

それから1週間後のある日、私はユナイテッドに招かれた。あのような心理的強さの源は何かをつきとめてみようと私は思った。行ってすぐ驚かされたことはチーム内の競争の激しさだった。選手たちはよりよいチームにするためにお互いを自由に批判し合い、質の低いプレイに対しては厳しい態度をとっていた。

このチームの一員になるまでに全員が数多くのハードルをクリアしてきた。だから、心理的にタフな者しか残れなかったのである。

ハードル1：ユナイテッドは最高の選手しかリクルートしない――入るのさえ困難である。
ハードル2：47名のプロ契約選手の中で1軍に入れるのはたった16名である。
ハードル3：練習内容がかなりハイレベルで競争も激しいため、技術や練習態度上の欠点は常にチームメイトの目にさらされ、厳しく批判される。
ハードル4：レギュラー選手はたった11人で、その候補は大勢いる。
ハードル5：6万7千人の観客と、テレビを見ている全世界の人々がユナイテッドの勝利を期待している。負けた日に調子の悪かった選手は、いずれチームをクビになる。
ハードル6：けがの危険性が常につきまとう。だからけがをした選手は、自分のポジションを取り戻せるかいつも心配していなくてはならない。

あの日を境に、イタリアで2点も先取されながらマンチェスターというチームが自信、自己コントロール、集中力を維持したのは当然だと思うようになった。あのようなプレッシャーに対応する能力は、この選手たちにとって生き残るために毎日必要なスキルだったのである。

人間の活動に簡単なものなどもちろんないが、公然と勝者と敗者のレッテルが貼られてしまうサッカーというスポーツにおいて、成功者になるには、身体的に優れていたり、技術が素晴らしかったりすることとあわせて、かなりの心理的、感情的強さが求められる。簡単に試合に勝ち続けたユースチームは絶賛されるだろう。しかし、上のレベルに上がって試合に負け出したとき、負けを知らない選手たちの心と気持の準備はできていないであろう。ラヴィッザ&ハンソン（1995）はこのことを「失敗も成長の糧」とうまく表現している。心理的にタフな選手は、不安定な状況にも耐えることができ、後退を「支払うべき代償」と考え、延々と続く批判にも我慢できる。

プレミアリーグの1998年から99年のシーズンに、ダービー・カウンティーが戦った38試合のうち、勝ったのは13試合、ドローが13試合、そして負けたのは12試合だった。チームの心理的タフさを象徴する要素の1つが一時的な沈下──全てが悪い方向に進んでしまうと感じられるシーズン中の時期──をうまく乗り切る能力だった。毎週私たちは負けた試合を分析しながら選手のソフトウェアとハードウェアをプログラムし直した。そしてシーズン全体を視野に入れるように選手を促し、終わったことは忘れさせ、最後にポジティブなアプローチに意識を集中させることで、逆境に直面しても毅然としていることの大切さを強調した。

逆境から立ち直ることとの意義をゴールドバーグ（1998）は次のように表している。「失敗したと思うことは、実は究極の成功への扉である…選手の身体的、心理的資質の中で心理的タフさが最も重要である」。

メンタルタフネスは勝つ心構え

Mental Toughness Is a Winning Attitude

本書では、「パフォーマンスは心構えによって決まる」という原則を示す例を数多く紹介している。したがって、心理的によりタフになりたいと願う選手やチームがまずしなければならないのは、勝つためのポジティブな心構えを持つことである。メンタルタフネスとは、心理的にコミットしていることを体に実行させる能力だと言える。そのコミットメントがスランプなどで揺らいでしまうと、パフォーマンスも失敗に1歩近づくことは明らかだ。

選手やコーチは、ポジティブで確実な方法で常に心を鍛えるトレーニングと試合の雰囲気作りに努めなければならない。メンタルタフネスは、以下の原則を適用することで身につけることのできる心理状態である。

- 勝者としての考え方をする。絶対的な自信を示し、勝てると思う。「ポジティブな考えはポジティブな現実を呼ぶ――これまでもそうだったし、これからもそうである」。
- ネガティブなこともポジティブにしてしまう。逆境を避けられないチャレンジの一部だと考え、より完成された選手になるためにそこから何かを学ぶ。

●予期していなかったことにもうまく対処する。過酷で不安定な状況も究極の挑戦と受け取め、テストされることを楽しみ、「苦しい時間はやがて消えるが、苦しみに耐えられる人は生き残る」ことを信じる。

ポジティブな心が、ポジティブな感情や優れたパフォーマンスに必要な高いプラスのエネルギーをもたらすことはこの本ですでに立証してきた。**表6・1**は、少し単純化し過ぎたかもしれないが、2人の選手―1人は心理的にタフで、1人はタフではない―が得点のチャンスを逃したときにどのようなリアクションをとるかを例示したものである。

表6.1　心理的にタフな選手vs.心理的に弱い選手

決定的な得点場面でミスをした後の、心理的にタフな選手とそうでない選手の比較

	心理的にタフな選手	心理的に弱い選手
心構えの変化	「次は入れてやる」と考え、ポジティブな気持を保ち、自分を信じる気持を失わない	「絶対入らない」と考え、一瞬にしてネガティブな気持になり、自分を信じる気持を完全に失う
感情的反応	熱中し、興奮し、精力的でい続ける	イライラして落胆し、希望を失い、他の人のせいにする
結果的なエネルギーの状態	目標に向かってポジティブでエネルギーは高い	目標に対してネガティブでエネルギーは低い
パフォーマンスへの影響	うまく立ち直り、次のチャンスで得点する可能性が高い	徐々に消極的になり、逃げの姿勢を見せ、次のチャンスに向けて努力するのではなく、再びミスをしないことの方を心配する

Four Steps to Mental Toughness

メンタルタフネスへの4ステップ

理想的なパフォーマンスを生み出す状態や我々が求めるメンタルタフネスは、明確な目的と方向性があり、回復力に優れ、気持が落ち着いていて、高いポジティブなエネルギー源になるという特徴を持っている。そこで、次のステップはトレーニングや試合におけるルーティンの必須要素となるであろう。

◆ステップ1：強固な自己アイデンティティーを確立する

パフォーマンスは自分が予想した結果になることが多い。したがって、勝者として考え、勝者になったと感じなければ勝者としてのパフォーマンスを発揮することは難しい。選手は勝てる心が身につくための次の教訓が守れているかをチェックしてみるとよい。

- 自分はすでに勝者であることを忘れない―これまでの全ての成功体験を思い出す。
- 常に外見をよくする―勝者のイメージを醸し出す。
- 自分の思考をコントロールし、ポジティブな自己への語りかけのみ行う。
- 自分の応援団になる―全ての進歩を自分で誉めよ。
- より積極的に様々な状況に関与する。

●自分の行動に責任を取る――言い訳は弱気になる兆候である。
●頑固になる――簡単に失敗を受け入れない。
●常に自信が持てるように信念を持ち続ける――自信と不安の間で気持が揺れないようにする。
●学び続ける――全てがわかったつもりにならない。
●ポジティブで勝てる行動を身につけるために目標とするモデルの真似をする。

ポジティブな自己への語りかけと自信溢れるボディーランゲージを組み合わせて行わせることで、トニー・ピッカードコーチはテニスのスタープレイヤー、ステファン・エドバーグを弱気な敗者から強気な勝者に変身させた。「ボディーランゲージをがっちり固めれば、心もピシッとする」。

◆ステップ2：意欲を持ち続ける

選手は、なぜ自分は難関にチャレンジし、批判を甘んじて受け、失敗の可能性のあることをやらなければならないのかという最も大切な質問に答えられなくてはならない。試合開始前に白線を越えてピッチに出るのは勇気のいることだ。高い意欲のある選手だけがその勇気に必要な覚醒水準に達することができる。

しっかりプレイしようと思う気持はそれを選択することで生まれてくるのであり、突然やる気をなくすことほど劇的にパフォーマンスに悪影響を及ぼすものはない。やる気や達成したいと思う衝動がなければサッカーという厳しい世界で生き残るためのメンタルタフネスを選手が身につけることはできない。直面する問題がチャレンジではなく障壁になってしまうからである。

イングランド女子ナショナルチームと関わってから、私は女子選手がサッカーをするという選択を行うことがどれだけ難しいことであるかということに気づいた。女性がサッカーをするのは14歳から34歳という人生でも大切な時期であるが、その期間にサッカーを続ける喜びを選ぶか、社会や家庭での役割を選ぶかというジレンマに彼女たちが常に直面しているということを示したのが**図6・1**である。

意欲の源は内面から湧き上がるものであり、外部から与えられるものでもある。心理的にタフな選手は自ら意欲をかきたて、自分で方向性を決め

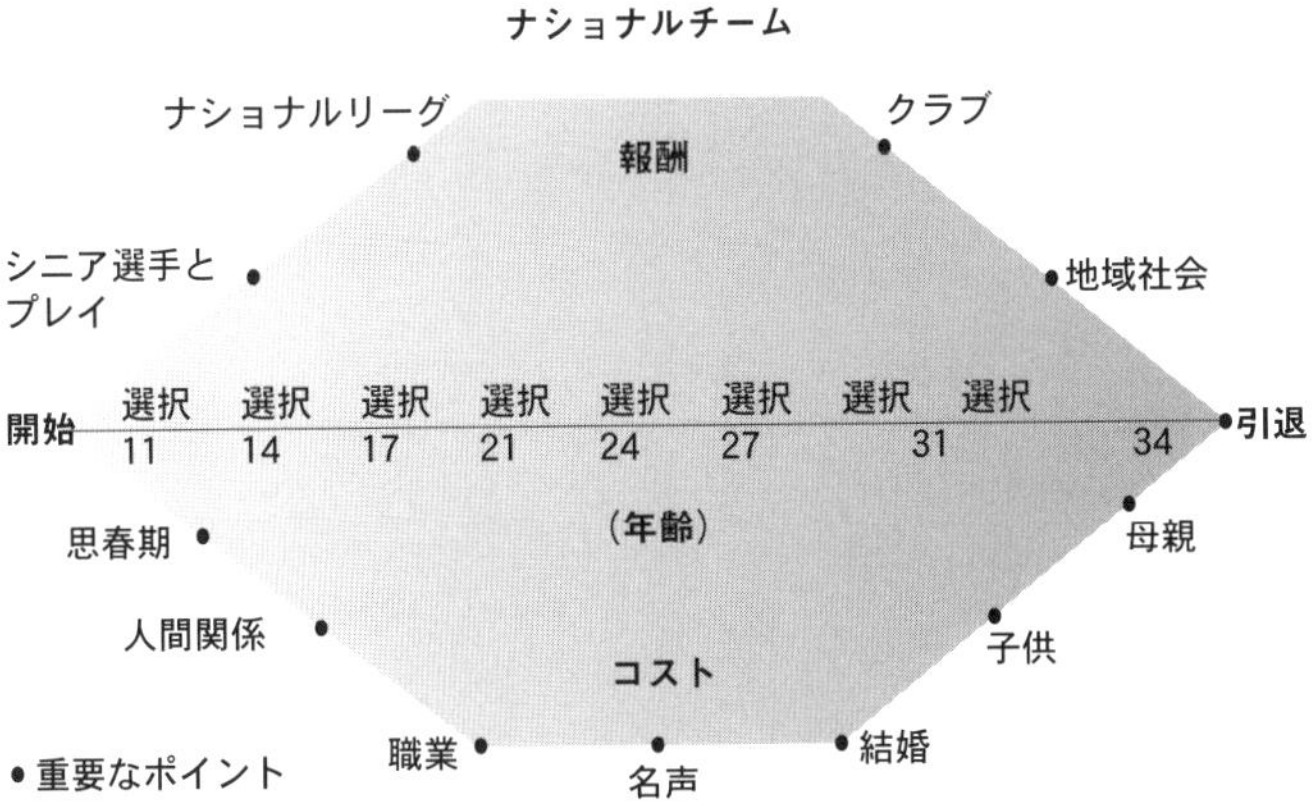

図6.1 現役女子選手の様々な段階における報酬vs.犠牲

ることができる。そのような選手は自分でそれを望んだのでサッカーに熱中できるのである。

図6・2では、内的なメンタルタフネスが持てるようになるまでに選手の意欲がクリアしなければならない段階や問題を明らかにした。初期段階では家族や友人が選手の意欲を高めている。その後、選手の意欲はコーチから多大な影響を受ける段階に進む。もちろん、身体能力や心理的強さが不足しているためにこれらの段階でドロップアウトしてしまう選手も多い。

外部の影響による意欲から内的意欲に転換する最終段階では、心理的なタフさが重要になる。この段階の選手は、自分が憧れている選手との比較や自分の力を出し切ったプレイがしたいという情熱によって突き動かされているのである。周りの人々の意見に頼るのではなく、選手は自分の基準

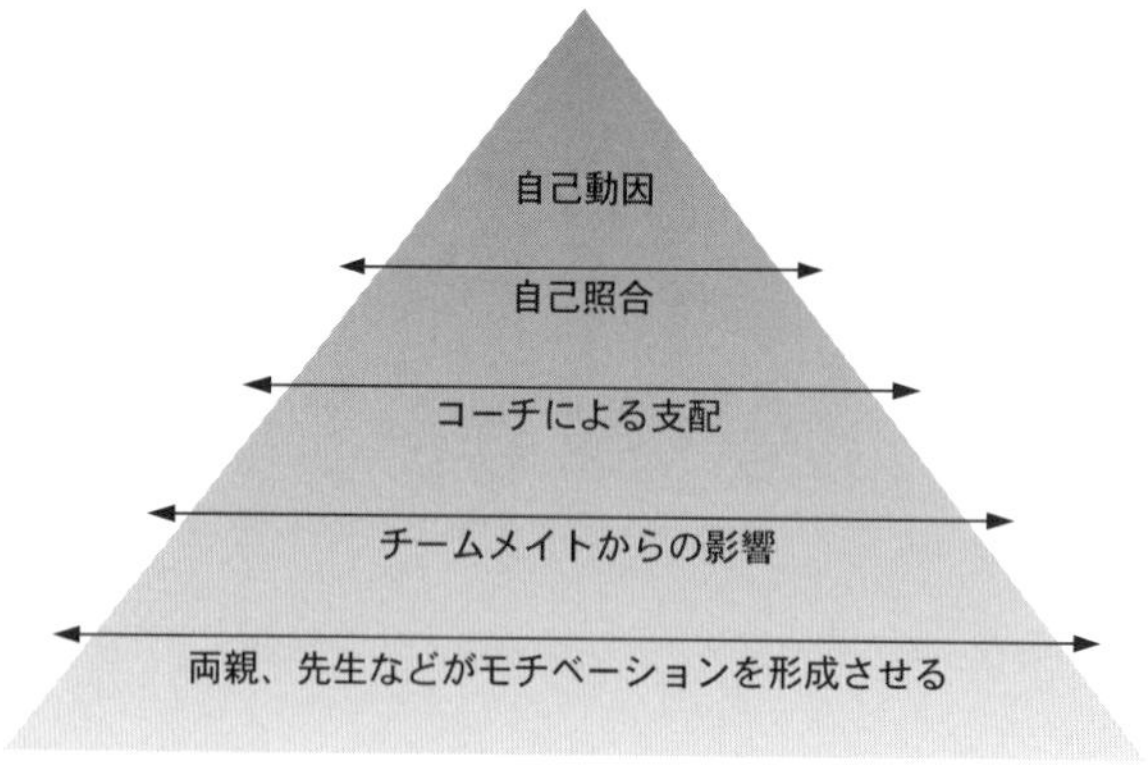

（心理的に弱い者の脱落は各段階の矢印が示している）

図6.2 自己動機づけとメンタルタフネスへの道筋

で自分のパフォーマンスを評価するようになる。外部からの影響が全くなくなるわけではないが、選手は自分の気持をコントロールできるようになり、心理的にはずっとタフになっている。

もちろん、選手のサポートグループがポジティブで支援的であれば、それが優秀な選手への旅路の助けになることは間違いない。男子選手は自らのやる気と周囲の支援に支えられてサッカーを続けられるが、女子サッカー選手は成長段階のある時期において社会的なサポートを得られない場合がある。サッカーを続けるためには、自分の内側から湧きあがる意欲だけを頼りにしなくてはならないのである。彼女たちは心理的にタフだという印象を私が受けたのはそのせいかもしれない。

◆ステップ3：練習倫理を確立する

選手がポジティブに、自信をもって厳しい試合に取り組むには、期待に応えるための体ができていると思えなくてはならない。健康状態、筋力、エネルギーなどに少しでも問題があれば、それが疑いと不安の種となり、ピッチに飛び出す前にパフォーマンスを低下させていることになる。以下の立場に該当する選手には大事な問題である。

- ●デビューを控えた若い選手
- ●引退が近いベテラン選手
- ●けがから復帰したばかりの選手

●出場試合数が多く、疲労回復ができていない選手
●食事や栄養が適切に摂れていない選手
●私生活でトラブルを抱えている選手
●自分のポジションでプレイできない選手
●長くプレイし過ぎている、あるいは出場試合数が多過ぎてバーンアウトしてしまった選手

成功するチャンスを最大限にアップさせることを目指して一生懸命練習することができる意欲や能力と、モチベーションおよび自信とは強い関連がある。コーチや選手が試合に備えて厳しい練習をするのは、勝つために必要な努力をしたという信念を築くためでもある。そのような努力を惜しまないことで、彼らは身体的に強くなるだけではなく、心理的にも強くなれるのである。ヴィンス・ロンバルディ監督（クラマー　1970）は、「一生懸命準備をすればするほど諦めにくくなる」と述べている。

特に若い選手たちにはサッカーやその他のスポーツで偉大な功績を残した選手の伝記を積極的に読んで欲しい。そのような本を読むと、練習倫理を持つことの大切さが繰り返し述べられていることに気づくだろう。バスケットボールの伝説的ドクター〝J〟ことジュリアス・アーヴィングは、突然の成功を勝ち得るまでにかかった年月はこれまでの選手生活全てであると語っている。ゴルファーのニック・プライスは、1990年代に活躍する選手になるため、1980年代の10年間を全て費やしたと述べている。

心理的にタフな選手は厳しい練習からだけでなく賢い練習から生まれる。そのような選手はいつ厳しい練習をして、いつ疲れを回復させればよいかを知っている。トレーニングや生活習慣の中に適切な食事と栄養、十分な睡眠と休養、そしてマッサージを取り入れている。そのような選手の摂生は誘惑を常に退ける—お酒、薬物、煙草などによって上達が妨げられることはない。

第1章で、身体的上達と併行して心理的向上を図ることが可能なことを強調した。したがって、賢い選手やコーチはその両者を高める練習プログラムを作成するだろう。第1章の**図1・2**は、選手のあらゆる能力に基づいて激しい練習の内容を設定すべきであることを示している。そうすることで選手は、かなり苦しいドリルをこなしながらも心理的には集中し、適切な判断ができるのである。心理的にタフな選手は状況が厳しくなればなるほど進化する！

◆ステップ4：自己コントロール力を身につける

心理的にタフになるということは、逆境に直面してもポジティブでいられるということだ。特に試合中の出来事が、制御できないほどの気持の動揺をもたらした場合でも、ポジティブでいられるかどうかが問題である。レアー＆マックラウリン（1990）は、トラブルが感情の変化を招いたときに選手が取り得る反応として以下の4つを挙げている。

1. 選手の容量が満杯となり、エネルギーとコミットメントが流出する。

2. 選手は怒ってエネルギーをポジティブなものからネガティブなものに転換する。
3. 選手はあがってしまい、びくびく怖がる。
4. 選手はその問題に対処するため、ポジティブなエネルギーを追加することでその難局を乗り切ろうとする。これは心理的にタフな方法である。

心理的にタフな選手は、トラブルや逆境はサッカーにつきものだと考える。逆境に立たされたとき、乗り越えるべき壁と見なそうとする信念がある。自分たちの身にふりかかる出来事を選ぶことはできない。しかし、それらにどう反応するかを選ぶことはできる。

批判、ミス、勝敗などを適切に処理することは選手の成長に不可欠である。したがって、ダービー・カウンティーとイングランドチームにおける私の仕事の多くは、面接やビデオ分析を通して今後の方針を選手と確認し、起こる可能性の高いシナリオに対する準備を選手に整えさせることに費やされた。難局を乗り切るための自己コントロールトレーニングの内容を決める前に、選手と私は選手がいっぱいいっぱいになってしまう場面、冷静さを失う場面、あがってしまう場面を一緒に考えた。本当のタフガイとは、暴言を吐き、熱くなる者ではなく、冷静さを保ち、その場から離れる者である――一般的にタフガイと思われているタイプと実は逆なのだ！

COLUMN

●スランプへの対処

選手個人やチーム全体の調子が下降しているとき、モチベーションは特に大切になる。そのような場合に私はよくモチベーションのチェックを行い、なぜ困難に立ち向かわなければならないかを選手に思い出させる。

1998年から99年にかけてのシーズン終盤、ダービー・カウンティーはチーム目標の3つのうち2つを達成していたが、その後連敗を重ね、シーズン最後の8試合は苦しい状況に立たされていた。上位6位以内に入るという3番目の目標を達成するには、なぜサッカーにコミットし続ける必要があるかを選手たちに思い出させる刺激が必要だった。そこで私は選手たちにいくつかのことを考えさせたのである。

●勇気―サッカーで最も勇気がいることは、チームの調子が悪いときにボールを積極的にもらいに行くことである。君はピッチで状況を変えようとしているだろうか？

●愛―最もモチベーションを高めるのはサッカーを愛することである。だから、この偉大なスポーツを楽しむ気持を試合の結果などで征服されないで欲しい。もしプロのサッカー選手になっていなかったら今頃自分は何をしていたかを考えるとよい。

●卓越性は習慣から―優れたパフォーマンスはよい習慣によってもたらされ、習慣は反復によって身につく。優秀な選手は、自分の心構えやパフォーマンスのスイッチを簡単に入れたり切ったりできないことを知っている。

●試合を諦めない―私たちは自分の行動しかコントロールできない。相手をコントロールすることはできないし、相手の心理状態を読みあてることもできない。我々はできる限り競争心を維持しなくてはならない。相手が突然くずれて、自分の目標を達成するチャンスが訪れることもある。

●自分たちのあり方―コンディションが低下したときどう対処するかということや、いかに競争心を保ち、団結し続けるかという気持は相手に無言のメッセージとして伝わる。敵に凄いと思わせれば、次に対戦するときのアドバンテージとなる。スランプをどう乗り越えるかによって、選手としてだけでなくその人の人間性すらわかるのである。

●学び続ける―偉大なイタリアのコーチ、アリゴ・サッキがこのように述べたことがある。「素晴らしい選手の素晴らしい資質は謙虚さである」。ここで言っているのは、優秀な選手ほど学び続けるということだ。このような選手にとって毎日が、毎回の練習が、そして全ての試合が何か新しいことを学び、これまでの習慣をより効率的にする機会なのである。これができる選手はできない選手よりも常に1%か2%優位な立場にいる。

●目標の達成―シーズン初めに各選手は自分でポジティブかつ現実的な目標を設定する。その目標を達成させることは、選手自身に大きな満足感を与え、新しいモチベーションをもたらす。

ダービーの選手のソフトウェアをこの方法でプログラムした結果、モチベーションやメンタルタフネスを高めることができ、スランプを抜け出すことができた。

メンタルタフネスのためのコーチング

Coaching for Mental Toughness

コーチの態度や行動は選手のパフォーマンスに大きく影響する。ポジティブで勝てる心構えを選手に叩きこむようなプログラムをコーチが立てない限り、心理的にタフなチームになることは期待できない。

◆目標人物としてのコーチ

コーチは選手にとってかなり重要で、影響力の強い権力者である。コーチのボディーランゲージ、態度、そして表現方法しだいで選手の自尊心や自信が形成されたり、強化されたり、崩されたりする。これは両親のどちらかがいない家庭が増えている現代社会の若い選手に特に顕著である。

メンタルタフネスが「ポジティブな自己コントロールによって困難に立ち向かえる強さ」であるとするなら、練習場面であれ、試合の場合であれ、まずタフさが要求されるのはコーチということになろう。試合に負けた直後ほどコーチの力量が試されることはない。コーチ、パーセルズ（1995）は、「コーチは白黒の世界に生きている―勝つか負けるかしかない―そして、黒い世界の方が長くつきまとう」と述べている。

敗戦直後はコーチにとっても辛い時間だ。怒鳴ることもできるし、選手を納得させることもできる。しかし、心理的にタフなチームにしたいと思うなら、自分の個人的感情を抑えて、落胆した気持に冷静に対処しているところを示さなくてはならない。試合後に自制心の効いた行動をとれば、気持が必要以上に高ぶったり、落ち込んだりしないことにコーチ自身が気づくだろう。

◆考え方を作り出す

ジム・トンプソン（1995）はコーチがチームの心理状態やパフォーマンスに及ぼす影響について詳しく説明している。(a)目標を達成するにはエネルギーが必要である、(b)エネルギーは感情から生まれる、(c)感情は考え方から発生する、(d)考え方はコーチから与えられる。

したがって、優れたコーチは考え方、話、比喩、ビデオなどを用いてチーム全体の心理状態をよい方向に形作り、心理的にタフなパフォーマンスが発揮できるよう選手に準備させる。困難を乗り越えて目標を達成させる力がこのチームにはあるという確固たる信念をコーチが示せば、同じ気持になる枠組みがチームに与えられ、徐々にモチベーションが上がってくる。

◆失敗からの学習

ミスや失敗の扱いは、コーチのもう1つの大切な責務である。失敗に対してコーチがどう反応するかによって、モチベーションやミスの修正に対する選手の意欲が大きく変わってくる。コーチには2つの選択肢がある。

●上達するための選手へのフィードバックとして失敗を利用する。新たなモチベーションを持って再び努力するように選手を説得する。

●選手の能力のなさや期待に応えられないことの証として失敗を扱う。このような感情的な反応は選手のモチベーションを台無しにする。

ゴールドバーグ（1998）は、2番目の選択を避ける理由を次のように説明している。「失敗に対するあなたの感情的な反応はあなたの展望を曇らせ、あなたの立ち直る力をも妨害する」。

◆選手に感情的準備をさせる

メンタルタフネスが心の状態だとするなら、コーチは選手に課すあらゆるトレーニングにそれを高める要素を組み込むとよい。したがって、練習は次のようにすべきである。

●重要で明確な意図が感じられる内容である。

●厳しい練習にも積極的に取り組めるよう、選手の注意を惹きつける内容である。
●メンタルタフネスが身につくシナリオになるよう、試合と同じような雰囲気を作る。
●選手がエネルギーのマネジメント方法を理解するよう、バランスと調和のとれた内容にする——練習、休憩、そしてプレッシャーを解放する楽しみなどを取り入れる。

トレーニング中に過酷な状況を強いて選手の気分を操作すると、選手の気持を試合に備えさせることになる。プレッシャーに襲われても選手には解決策の貯えがあるので、慌ててバランスを失うことはなくなる。

COLUMN

●チームがあがってしまったときの解決策

ダービー・カウンティーがディヴィジョン1からプレミアリーグへの昇格を果たした後、練習では力を発揮できるのに試合では失敗するという大きな問題が発生した。昇格して初めてのシーズンは、新参者、よそ者扱いされることがチームとして心地よかった。なぜなら、勝てば手放しで誉められ、負ければ仕方がないと思われたから。しかし、最初のシーズンをうまく乗り切ってからは周りからの期待も高まり、ダービーは勝たなければならないというプレッシャーに襲われた。有利と言われても気楽な気持にはなれなかった。リードしていたにもかかわらず選手があがってしまい、3試合連続でダービーが逆転負けを喫してから、監督のジム・スミスが私に意見を求めてきた。自信をもってリラックスした状態でチームが試合を始めたことは明らかだった。しかしリードしてから、つまり、勝つことを意識し出してから結果を気にし始め（先を考えている）、それが原因で集中力を欠き（今を考えていない）、パフォーマンスが低下したのである。以下の兆候が問題を浮き彫りにしていた。

●不安感の上昇――その状況をストレスと感じていた。
●集中力の欠如――集中力を欠いたことによるミスが増えた。
●消極的になり過ぎたり、一生懸命になり過ぎたりした――プレイの流れが失われた。
●ネガティブな自己への語りかけ――うまくいかないと思っている。
●自己コントロールができないと感じる――選手が「どうしたらいいんだ？」と迷ってしまう。
●90分のチームではなく60分のチームになってしまう。

コーチ、選手、そして私の3者で合意し、取り組んだ解決策は次の通りである。

●気持は変化することを認識する。
●その変化が起こる可能性を知らせるサインを読み取る（例えば得点後など）。
●選手、特にベテランの選手は責任を負い、言い訳を考えない。
●リードしたらより積極的にプレイする。得点を入れたらまた入れようと考える。イングランドのアンダー21チームでは、得点後のリスタートのとき、相手に3回以上パスをつなげさせてはならないというルールを設けている。この戦術によって確実に積極的かつ集中した心構えを保つことができる。

● 今に集中する——先のことを考えない。
● 絶対に消極的にならない。
● 全員のコミュニケーションを密にする。
● 全ての試合に勝てるという信念に変える。

2シーズン後にはダービーはプレミアリーグに定着し、高い期待にも応えられるようになり、あがることもほとんどなくなり、困難に直面しても心理的にかなりタフでいられるようになった。

◆自分を振り返る

選手が心理的にタフになる方法の1つは、自分の考え、感情そして行動に責任をもち、言い訳をしないようにすることである。選手に質問をしたり、選手の話を聞いたりすることでコーチはそれをサポートすることができる——いつも選手の過ちを指摘するのではなく、どうすればよかったかを選手に語らせるのである。

これまでで最も完成されたバスケット選手だと思われるマイケル・ジョーダン（1994）は、このメンタルタフネスの面で強さを発揮した。

自分の問題を棚に上げて、自分ではコントロールできない物や状況のせいにしたがる選手が多い。自分の非を認めなくて済む方法を探しているのだ。しかし優秀な選手は「今日はひどいプレイだったけど、明日はもっといいプレイをしてみせる」と言うことを学ぶ。多くの若い選手はその晩のひどいプレイを認めるのが怖いと思ってしまう。しかし、誰にでもひどいプレイをしてしまう夜はあるし、そんなひどい試合からどう立ち直るかによってあなたがこれからどんな選手になれるかが決まるのだ！

コーチは、選手が自分を振り返るよう常にうながすことで、選手がこのような考え方をするようになるのを手伝うことができる。選手にそのときの状況について細かく注意する代わりに、「プレイしていてどんな気持だった？」、「あのようなプレイをしたのはなぜだと思うか？」などというようにコーチが質問し、選手に説明させてもよい。この方法だと選手はじっくり考え、自分の行動を説明しなければならない―これは学習過程に不可欠な部分である。コーチはロッカールームの掲示板にルディアード・キップリングの思想を拝借して次の言葉を掲げてもよいだろう。「理由は4千万あれど、言い訳は1つもない」。

Summary まとめ

サッカーのような難しいスポーツで優れたパフォーマンスを発揮し、サッカーを続けていく中で避けて通れない「逆境から立ち直る力」をつけるためには、選手やコーチは「心理的にコミットしている事柄を体に実行させる能力」と、定義されるメンタルタフネスをかなり高いレベルで身につけておかなくてはならない。これは勝つ心構えを養っていく過程で身につくものである。

この心理状態は強い自己アイデンティティー、高い内的モチベーション、よい練習倫理、そしてプレッシャー下における優れた自己コントロール力によって構成される。選手のモデルであるコーチ自らが、試合の準備、試合に伴う感情の処理、ミスや敗戦への対処といった場面でメンタルタフネスを実際に示す必要がある。

メンタルタフネスを身につけるには、まず選手個人個人の性格や心構えから変えていかなくてはならない。しかし、逆境に直面してもポジティブでいることが大切だと常に思えるようなチームの雰囲気によっても、メンタルタフネスは大いに高められる。

自分で自分の評価をしないこと、それがネガティブな感情を抑制する

私が現役選手だった頃、試合の前に必ず自分に言い聞かせたことがあります。それは、「自分で自分の評価をしない」というルールでした。試合中には、必ずミスが起きます。また、自分の思うようにプレーできないこともあります。こんなときに「今日は調子が悪いな」とか「なんか変だな」という感情が芽生えたら、きっとその試合は終了まで自分の調子が出ないはずです。

ミスがミスを呼ぶ。これは、次のプレー、さらに次のプレーと集中しなければならない選手が、前のミスにいつまでもこだわることによって生まれる現象だと思います。

日本代表チームでイングランドのクラブチームと対戦したときに、ベテランの選手が若いフォワードの選手を怒鳴っていたことを思い出します。

〝Forget it !!!〟

その若い選手は、決定的なシュートチャンスにミスをしてしまったのです。その選手がその後消極的なプレーをするようになったので、ベテラン選手は彼に声をかけたのでしょう。

「頭を切り換えろ」

これは非常に大切なことです。ミスをしても常にポーカーフェース。虎視眈々と次のゴールチャンスを狙っているストライカーは、ディフェンダーに大きな精神的圧力をかけます。精神的なタフさというのは、今、現在に集中し続ける習慣をもっているということではないかと思います。

「過去を語るは愚人、未来を語るは狂人、今を語るは賢人」。こんなフレーズをどこかで耳にしましたが、賢人のあり方こそがメンタルタフネスの根幹のような気がします。

私も経験がない頃は、常にミスにこだわる癖がありました。しかし、この思考習慣を変えたのは、ある試合での私の決定的なミスでした。開始1分、相手のストライカーに、私の凡ミスで1点をプレゼントしてしまったのです。そのミスのことで頭が一杯になっている状態で、またも私は単純なミスを犯しました。前半30分までに0―2。その後、ゴールキーパーまでが私のミスにつられるようにしてイージーミスから失点。最初の失点から頭を切り替えられなかったこと、これが2点目、3点目の失点を誘発したのです。この後、私自身が2得点しましたが、焼け石に水。何とも悔いが残る敗戦でした。この試合をきっかけに、私は自分の精神的態度を改めたのです。

第7章 闘争心

Competitiveness—Mental Preparation and Power for Matches

© STUDIO AUPA

●●●●●●●●

心理的準備と
試合へのパワー

さて、どんな戦いでも勝ちたいと思うなら、とにかくこれだけはしなくてはならない。心に体を動かさせるのだ。決して体の言うことに従ってはならない。

……………ジョージ・S.パットン将軍

ダービー・カウンティーの一員としてホームでデビューする若いリー・モリスは、試合開始10分前に吐き気をもよおし、試合用のシャツを汚してしまった。ロッカールームに居合わせた他の選手は特に気にする様子もなく、トレーナーが綺麗に拭き取るのを手伝った。そこにいた誰もが緊張していたのに、経験の差によって不安への対処法が違っていたのである。

私はリーの傍へ行き、彼の目を見て静かにこう言った。「白線をまたいでピッチに入ったときに見えるのは、広い芝生と21人の選手と1つのボールと1人の審判だ—君が8歳でサッカーを始めたときからずっと見てきたものと何も変わらない。これまでしてきたことを信じて、試合を楽しんできなさい」。

リーは自分の内側に潜む強さを発見し、試合開始直後に素晴らしい突破からゴールを決め、その足技で観客を魅了した。私の予想した通り、彼の内的競争心が恐怖心を抑え込んだのである。私は元オリンピック十種競技のチャンピオン、ブルース・ジェンナー（1996）がネガティブな恐怖心をポジティブな力に変えることについて語った言葉を後でリーに伝えた。「あなたが怖いものから逃げ出しているときのパワーみたいに恐怖心を使うとよい」。

この言葉や本書で紹介している多くの例からもわかるように、厳しい試合の中でのみ選手は自分の本当の強さや弱さを発見するのである。試合が過酷になればなるほど各選手の身体的、技術的、心理的、感情的資質が徹底的に試される。選手が弱点を見せようものなら、相手はすぐにそこにつけ込んでくるだろう。

全てにおいて完璧な選手などいないが、自分の特性を評価し、それを最大限に活かす方法を学ぶことでより完成された選手に近づく努力を全選手がすべきであろう。優れた選手にはいいパフォーマンスを発揮するための独自の方法がある。選手1人ひとりが自分に合った方法を見つけるとよい。

コメディアンのウッディー・アレンは、ステージに立つことができただけで80%は成功したと語っている。スポーツでは、選手がまずしなければならないのは試合がもたらす恐怖心を克服する勇気を持つことである。「希望を持って勝利を誓うが、恐怖心を持ってプレイする」。選手は試合のたびに次のような恐怖を認め、納得し、受け入れなければならない。

- **失敗するかもしれない。**
- **成功したとしても、次からより大きな期待に応えなくてはならないかもしれない。**
- **自分たちの弱さを露呈してしまうかもしれない。**

●選抜されなかったり、控えに回されたりして切り捨てられるかもしれない。
●ひどいけがをするかもしれない。
●予想もしていなかった事態に直面し、対処できなくなるかもしれない。

これらの恐怖を克服してサッカーにコミットするにはどうすればよいかを選手は考えておかなくてはならない。

最適な闘争心に到達する

Achieving Peak Competitiveness

図7・1は、競争ピラミッドの頂点―フロー状態―にまでたどり着きたいと思った場合、選手がクリアしなければならない道のりを示している。

この道のりは選手の個人的なゲームプランのようなもので、選手は各段階でコーチと自分の強さや弱さをチェックするとよい。

各段階のキーポイントを以下に説明する。

1. 勇気、コミットメント、願望―この険しい道のりに足を踏み出そうとしている選手の出発点となるのは、困難に立ち向かおうと発奮させ、やる気にさせる「夢」である。最高のプレイヤーになる夢を選手が抱かない限り、長い道のりの途中で待ち受けるハードルをくぐり抜け

ていくモチベーションを保つことはできないだろう。

2. 個人的目標――方向性を失っている選手はエネルギーや決心を無駄にしてしまうことがある。したがって、選手は時間をとって長期的、短期的目標を設定すべきである。私は時々選手に声をかけて、なぜ練習に来なくてはならないかを聞いてみる。すると、大抵「上達するためさ」という答えが返ってくる。さらに私は「何を上達させるの？」と聞いていく。このような会話によって選手は練習が自分の目標を達成させるための絶好の機会だということに気づき、なぜ練習を一生懸命しなければならないかを再認識する。

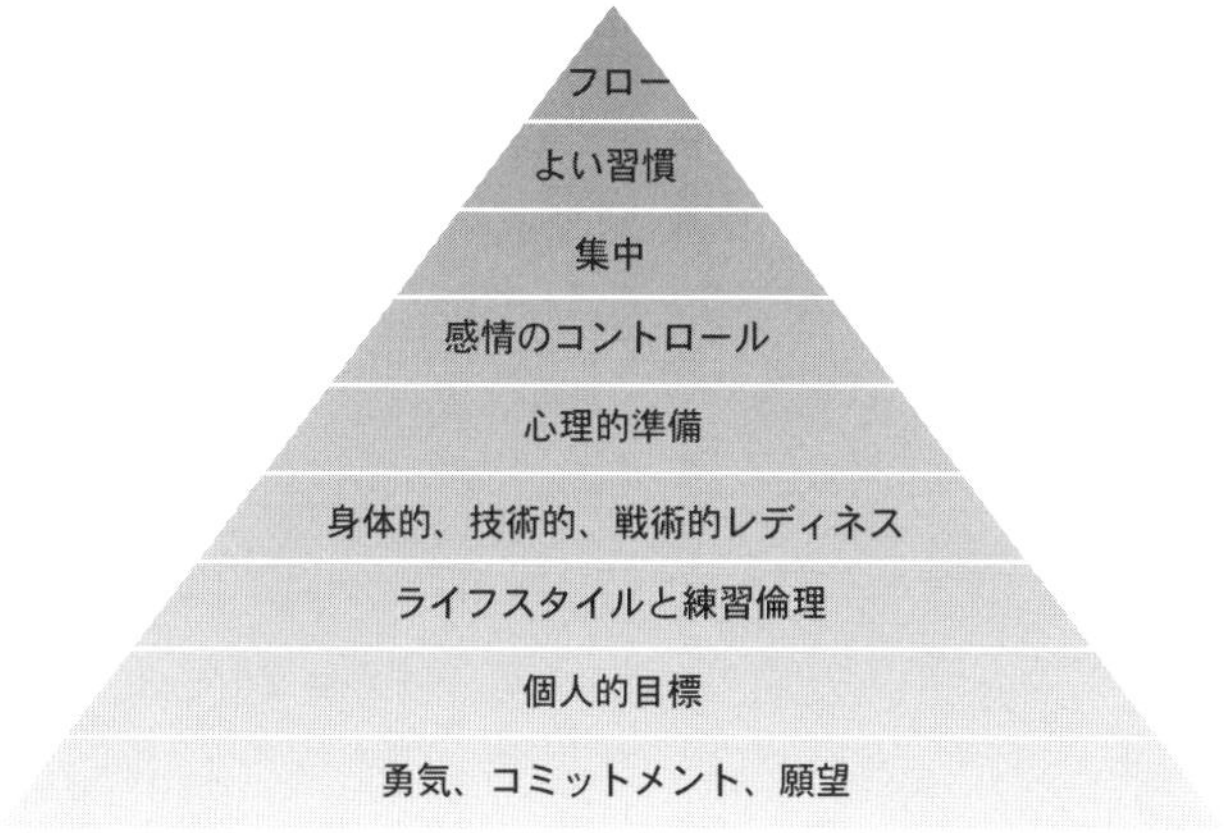

図7.1 フロー状態までの道のり

3. ライフスタイルと練習倫理――「生き方がプレイに出る」は、若い選手に対してよく言われる言葉だ。若くて年俸のよいプロ選手にとって最もトラブルが起きやすいのはライフスタイルに関連した事柄であろう。ライフスタイルが練習倫理に最も大きな影響を及ぼすことはよくある。なぜチャンピオンになれたのかという質問に対する十種競技のオリンピックチャンピオン、ダン・オブライエンの答えを聞いたことがある。彼は黒板に2つの数字――1500と36――を書いてから、持っている力を競技場で爆発させる36分間のために1500時間のトレーニングをしてきたと説明した。オブライエンは、success（成功）がwork（努力）より前に来るのは辞書の中だけであり、厳しい練習を可能にする唯一の方法は健康的なライフスタイルだということを知っていた。

4. 身体的、技術的、戦術的レディネス――疲れていたり、ボールをうまくコントロールできなかったり、戦術を理解できなかったりしたらフロー状態に到達することはできない。基本的な準備――多くの場合、頭というよりむしろ体の――が成功を下支えしている。優れた競争力を発揮するには、自分に与えられた役割を体力的にも技術的にも戦術的にも果たせると選手は確信していなくてはならない。

5. 心理的準備――身体的準備と技術的準備を整えるために一生懸命努力することを決意し、実際にトレーニングを積み重ねたら、選手はその努力を勝つための心構えに切り替えなければならない。準備がうまくいけば自己アイデンティティー、自信、そしてメンタルタフネスの基本的感覚を実感できるだろう。妨害要素やつまずきによって上達が遅れることは誰にでもある。だから成功するかどうかは選手が心理的にポジティブでいられ、元気をすぐ取り戻せるかどうかにかかっている。

6. 感情のコントロール──心や競争的心構えを正しく枠組みしたら、気持がジェットコースターのように乱高下するサッカーというプレッシャーのもとでも、それを維持する方法を選手は身につけておかなくてはならない。この段階まで来れば、選手は身体的には十分鍛えられている。しかし、試合は気持が大きく影響する環境で行われるのだ。感情をコントロールする方法を練習しておくことは、心が体の言いなりになるのを防ぐために不可欠である。フローを感情的トラブルのない状態と定義することがある。自分の感情をコントロールできなければフローに至ることはできない。

7. 集中──試合で勝敗の鍵となる瞬間に最大限の集中力を発揮するには、選手には心理的パワーが必要である。強い集中はかなりのエネルギーを消耗させる。心理的にタフな選手は、適切な回復やリラックスが必要だということを理解している──だから、バッテリーを充電し直して毎回試合に臨めるのだ。

ダン・オブライエンは、これまでに習得したスキルで最も大切なものは何かと聞かれたとき、忘れる、あるいは水に流すスキルと答えた。次への集中を高め、ポジティブでリラックスした気持をキープするためには、特に結果が思わしくなかった種目の後、心をクリアにすることが大切だと彼は強調した。

8. よい習慣―フロー状態は体が自然に動く、何も考えない状態と定義されることがよくある。信頼が大切な要素だ。心―例えば疑いの気持や不安―を脇に追いやって、体にプログラムしてきた習慣を信じてプレイするとき、選手は最もよいパフォーマンスを発揮すると考えられる。私が毎週指導しているのは、突然思いついた新しい行動ではなく、何年もかけて身につけてきたよい習慣によって大事な試合を勝ち抜いてきた選手たちだ。〝鍛えて信じよ〟である！

したがって競争力を高め、フローに到達するには、選手の主体的努力がかなり必要となる。しかし、それが偉大な選手とそうでない選手の分かれ目だ。このことについても、サッカーだけでなくあらゆるスポーツで業績を残した選手たちの記事を読むことで多くを学ぶことができる。例えば、ハルベルスタム（1999）によるマイケル・ジョーダンの選手生活に関する素晴らしい分析は、競争力に関する様々な側面を解説してくれ、マイケルがどのようにして世界で最も競争力のあるチームプレイヤーになったか―毎晩毎晩フロー状態でプレイできたか―を教えてくれる。

COLUMN

●ジェイコブ・ラウルセンの鋭い競技力

デンマーク代表選手でダービー・カウンティーのキャプテン、ジェイコブ・ラウルセンが、私に会いに来たとき、彼はプライベートの生活にも選手としての現状にも納得できずにいた。しばらく話を聞いていると、プライベートやサッカーに関するいくつかの問題がジェイコブの競争心を低下させていて、その結果心が曇りがちとなり、モチベーションも下がっていることが明らかになった。

●最近奥さんや子供と別居するようになった
●デンマークに帰れというプレッシャーがかかっている
●キャプテンとしての役割が果たせるか自信がもてない
●自分が一番得意とするポジションでプレイできずにイライラしている
●チームのパフォーマンスが全般的によくないことが心配である

私たちはコントロール可能な事柄をコントロールすることに集中し、どうにもできないことは一時棚上げするという結論にすぐに達した。それからジェイコブは、専門家のアドバイスをもとにアクションプランを立て、生活関連の問題を解決することに同意した。

次の段階はジェイコブがサッカーに関する心配事を処理し、唯一影響力を行使できる人物、監督に問題点を相談することであった。監督ジム・スミスはいつも通りとても協力的だった。彼はキャプテンの重責からジェイコブを解放し、すぐに彼が最も得意とするポジションでプレイできる方法を考えてくれた。最後にジェイコブと私は、彼の今シーズンの個人的目標を再検討した。プライドの高いジェイコブは高い基準で目標を立てていた。そして、チームの調子がよくないからこそ自分の目標は下げないと決心した。「足技の問題をすっきりさせるためには、心をすっきりさせるとよい」という例を示してくれたジェイコブは、その後サッカーをより楽しめるようになり、すぐに鋭い競争力を取り戻した。

試合当日に闘争的になる

Being Competitive on Match Day

ここまでくれば選手の準備はしっかり整っているので、パフォーマンスに適切な身体的、心理的スキルを用いると考えてよいだろう。これらのスキルが深く浸透していればいるほど成功の可能性が高まる。ここからは試合当日までのアプローチと、理想的な闘争心の身につけ方を述べる。

COLUMN

●試合当日の心理的、感情的準備 闘争力をつける10の方法

1. 予想される試合展開をイメージする。自分がスターになっている様子を思い浮かべ、素晴らしいパフォーマンスをイメージすることに集中する。
2. あなたはすでに勝者だということを思い出す──ここへ来るまでの数々の成功体験に意識を集中させる。
3. ポジティブな自己への語りかけのみ行う──文句ばかり言う人との会話を避ける。
4. 緊張感を適切に高める発奮材料を利用する。
5. 妨害要素をできるだけ減らし、試合会場に慣れておくよう心がける。
6. リラクセーショントレーニングを行う。
7. 展望を持ち続ける──いつもと同じ仕事だ──そして感情をコントロールする。
8. 自分に与えられた役割で大切な要素を頭の中でリハーサルする。
9. 気持を楽にしてくれ、プレイへの準備を整える試合前のルーティンを実行する。
10. 自分が身につけてきたことを信じ、チャレンジを楽しむ。

◆試合前

試合は選手がロッカールームに到着するずっと前から始まっていることを私は口を酸っぱくして選手に言っている。家庭の問題や様々な雑事に対応した後でも頭を切り替え、しっかり体を休めてから試合会場に来るのは選手の責務である。

試合前の準備は選手によってそのスタイルが異なる。1人になれる空間を好む内向的な性格の選手にはそのような場所が、他の選手と楽しく会話しながらルーティンをこなしたい選手にはそれができる場所がロッカールームには必要である。

スタイルこそ異なれ、頭をすっきりさせ、サッカーだけに集中させてくれるルーティンを各選手は持っていなければならない。**表4・2**（127頁）はイングランドアンダー18チームの試合に向けた準備を示している。

各選手は以下の方法を用いて試合前の闘争心を作り上げなくてはならない。

- **完全にポジティブな考え方や行動をする。**
- **ネガティブなことは全て無視する。**
- **やる気が高まる話をする。**
- **自分の感情をコントロールする。**

●試合の大切さを思い出すことで適度な緊張感を持つ。
●ゆっくりと集中の範囲を狭め、集中を高めていく。
●チームの勝利のために自分が行うべき最も大切な3つの事柄を常に思い起こす。

リラックスした状態で試合前の時間を楽しみながら、選手はこれら全てをしておかなくてはならない。もちろん、経験が効果的な試合前の対処方法を身につけるための主要な要素であることは言うまでもない。

選手の気持をよりよい状態にするため、コーチはロッカールームで様々な方法を用いる―やる気を高める話、ユーモア、ビデオ、音楽、壁に貼ってあるポスター、手がかりとなる言葉を書いたカードなど。ダービーでは、ポジティブな心構えに仕上げる最終手段はウォーミングアップの最後に全員がピッチに集まって合言葉を交わすことであった。毎週私はキャプテンに次の試合で皆と交わす合言葉を伝えていた―例えば、「チームが一丸となれば勝てる」など。

◆試合

ノルマン・シュワルツコフ将軍が「敵と遭遇した途端全ての計画が台無しになる」と言ったように、試合が始まるとこれまでの全ての準備が役に立たなくなることがある。試合前の心理状態を保って90分戦えることもたまにはあるだろうが、対戦相手に辛く、動揺させられる時間を与えられる方が多い。そんなときこそ選手はプレッシャーに耐えながらメンタルタフネスの本領を発揮させなくてはならない。

肝心なのはコントロールである—選手はまず自己コントロール力を発揮し、それから相手をコントロールし、自分が関与する試合状況をコントロールするのだ。これまでに強調してきたように、試合の核心場面で選手が頼りにするのはこれまでに身につけた身体的、心理的習慣である。その習慣には以下の要素が含まれていなくてはならない。

●確固とした自信の維持。
●勝つ心構え（90分間フルにその心構えを維持し続けるうちに時間切れとなってしまった選手がよい例）。
●自分がコントロールできる事柄だけに集中する。
●自分に与えられた仕事を果たそうと努力する。
●怒りやミスをうまく処理する（第3章で説明したように〝緑でいる〟）。
●嫌なことは忘れ、すぐ立ち直れる弾力性を持つ。
●必要があればリスクを冒す勇気を持つ。
●試合の満足感を楽しむ。

◆ハーフタイム

試合開始から45分経てば、前半の教訓を吸収し、後半に備えて心理的、感情的状態を再構成するための絶好の時間がおとずれる。コーチの檄によって高ぶった雰囲気になることもあるので、選手は集中力を保つためのミニルーティンを考えておくべきであろう。

◆試合後

試合終了後は身体的なクーリングダウンのための時間だと我々は認識している。しかし、心理的、感情的に落ち着きを取り戻すために有効に使えてはいないかもしれない。選手やコーチは、選手の自信や自尊心を傷つけることなく評価や教訓を与えてくれるものとして勝利や敗戦を扱うべきであろう。さもなければ、自信を高めるどころか今後の試合に対する恐怖心を与えてしまうことにもなりかねない。

COLUMN

●ショックを与えられて自己満足から抜け出したスカンスロープ

ある日デビジョン3のスカンスロープ・ユナイテッドというチームのコーチ、マーク・ライリスから電話がかかってきた。厳しいカップ戦の試合をアウェーで勝った後、スカンスロープはトーナメントに残っていたノンリーグのチームとホームで対戦することになったという。ライリスは選手たちの心が楽勝ムードにシフトしたことにすぐ気づいた。そして、失うものがなく、がむしゃらに向かってくるチームと戦う場合に、そのような気持でいることがどれだけ危険なことかも理解していた。

マークは私のアドバイスに従い、地元の新聞社にカップ戦についてスポーツページに2種類の記事を載せるよう頼んだ。試合前の週にマークは、ロッカールームや廊下の壁（その他に全てのトイレのドア）にスカンスロープは快勝し、次のラウンドではマンチェスター・ユナイテッドとオールド・トラフォードで対戦することを伝える記事を貼りまくった。選手は天にも上る気分になる！

そして試合当日、マークは全ての記事を、スカンスロープがリーグに所属していないチームに情けない負け方をして、オールド・トラフォードで対戦するチャンスを逃したことを詳細に伝える第2の新聞記事に貼り変えた――まるで地獄だ！選手への影響はてきめんだった。楽勝気分は吹き飛び、選手たちはカップ戦で勝ち抜くための身体的、心理的準備をしっかり整えるゲーム前のアプローチに変更したのであった。

優秀なアメリカンフットボールのコーチ、ドン・シューラ（1995）は、試合後に関して次のような哲学を持っていた。

たとえ勝っても、これが終わりではないことはわかっている――来週も試合があり、自分たちの

力をもう1度証明しなければならない。たとえ負けたとしても、まだ終わりではないこともわかっている。立ち上がって、次に戦うときは逆のスコアにするチャンスを狙わなくてはならない。

この例のように、試合後の高ぶった気持をうまく処理し、自分のパフォーマンスを冷静に見つめ直す方法―自己評価―を選手は見つけ出さなければならない。形式的なミーティングが終わり、1人で考えられる場所を見つけたら、選手は以下の質問を自分にぶつけてみるとよい。

●今日の試合の感想は？
●学んだことは？
●自分の目標は達成できただろうか？
●目標達成の妨げになったことは何だろう？
●自分のパフォーマンスが発揮できたか？
●コーチやスポーツ心理学者に相談すべきだろうか？
●試合前やハーフタイムのルーティンを修正する必要があるか？
●次の試合に向けた自分のアクションプランはどんな内容にすべきだろう？

試合後にどのような方法をとろうと、最も大切なことは選手が次の試合が楽しみだと思ってそれを終えることである。

Summary まとめ

能力や性格が全て試されるので、試合中が選手にとって最も厳しい時間である。選手は失敗への恐れを乗り越え、身体面、技術面、戦術面、そして感情面の全てにわたって徹底した準備を行っておくことで最高の競争力を追求すべきである。

フローという理想的なパフォーマンス状態に到達する唯一の方法は、健康的なライフスタイルにコミットし、高い練習倫理を確立し、反復練習によって有効な心理的、感情的スキルを身につける意欲を持つことである。心をすぐに直せる方法などない。選手は試合当日用の効果的ルーティンも身につけておかなくてはならない。

試合中の競争力やコントロール力を確実に維持するために選手が最終的に頼るのは、これまでに身につけてきたよい身体的、心理的習慣である。理想的なパフォーマンスを発揮する状態は、リラックスした心理状態を信じ、身につけた習慣に身を任せることで簡単に手に入れることができる。

失敗に対する恐怖感を取り除くだけで、選手のパフォーマンスは変わる

大学時代に体育心理学の先生からこんなアドバイスを受けました。

「勝とう、勝とうという思いが強すぎると、かえって負けたらどうしようと不安が大きくなります。サッカーの試合での勝敗には、非常に不確実な面があります。例えば、圧倒的にボールを支配してシュートを20本も打ったチームが、たった1本のシュートしか打てなかったチームに負けることもあります。これは、非常に極端な例ですが、力が拮抗しているチーム同士の試合の勝敗を予測するのは、大変難しいものです。ですから、選手は勝てるかどうかと不安になります。

こんなときには、不確実なものに心を置くのではなく、具体的なものに集中するとよいのです。具体的なもの、それはチームの中での個人個人の役割です。この役割に集中することが、安定した心理状態を維持するのに役立ちます」

このアドバイスは、私にとっては非常に役に立つものでした。試合前には、余計なことを考えない。とにかく、自分の与えられた役割に集中する。このことだけを考えていました。

大学時代の恩師からも「ベスト以上は尽くせない。とにかくベストを尽くしなさい。勝利はそこについてくる」という言葉を何度言われたかわかりません。

試合前の緊張、これはプレーをする選手にとってはたまらない感触です。何度も緊張感のある試合を経験すると、緊張感のない試合はつまらなく感じるものです。しかし、経験がない間は、緊張が〝あがり〟を作り出します。普段の力を出せない状態に陥ります。

最初の試合は誰でも緊張で足がすくみますが、サッカーの試合のスタイルが変わるわけではありません。22人の選手と主審が1人ピッチの中にいるだけなのです。練習でやってきたようなプレーをすればよい。そう考えることができるようになったとき、実力を発揮できるようになってきます。

うまくプレーをしようと思うと、うまくいかなかったらどうしようという気持が出てきます。ですから、試合前は、とにかく自分の役割を完遂すること、ただそのことにベストを尽くすという心構えをもつことが大切だと思います。

私は、38歳で現役を引退するまで、試合前は常にこの考え方を守り、失敗に対する恐怖感を芽生えさせないようにしてきました。

第8章 コミュニケーション

Communication—Sharing Information Effectively

●●●●●●●●●

効果的な情報の共有

© STUDIO AUPA

お世辞を言ったら私はあなたを信じなくなる。
批判したら私はあなたを嫌いになる。
無視したら私はあなたを許さない。
励ましてくれたら私はあなたを一生忘れない。

…………………ウィリアム・アーサー・ワード

当時のヨーロッパチャンピオン、アイルランド共和国とダブリンで対戦することになっていたイングランドユースチームは、試合前の食事を全員無言でとっていた。選手を見ていて気まずい雰囲気を感じた私は、このチームは3日前に初めて召集されたチームで、人間関係もチームワークもできていなかったことに気がついた。チームにはすでに敗者の雰囲気が漂っていた。

シーンとする中、私は思い切ってリバプール所属でしっかりした性格のステファン・ライトに、立ち上がってチーム全体に向かって彼のテーブルにいる選手を紹介するよう頼んだ。ステファンはばつの悪い静けさに戸惑いながらも紹介してくれた。それから、私がこれからテーブルを回って同じことをするよう誰かを指名するので、今からの2分間で準備をするように言った。

当然その後一斉にお互いの名前を確認し始めたので、会話や動きやエネルギーで部屋中蜂の巣をつついたような状態になった。そして私は徐々に課題を難しくしていった（「あそこのテーブルに座っている全員の名前を言ってごらん」「エバートンから来ている選手を3人言ってごらん」など）。最後に私はスタッフまで含めるようにしたのでその場にいた全員が話を始め、部屋全体に活気が溢れ、チームの一体感を作り出す第1歩を踏み出すことができた。我々は楽しく、自信を持って、エネルギーに満ち溢れた状態で試合に臨むことができ、選手たちは実力を出し切って5—0で勝利を収めたのである。

本書がより完成された選手やコーチを作る手伝いができるとしたら、それはパフォーマンスに関わる心理的、感情的、そしてライフスタイル的事柄について、これまでより広範な問題点に目を向けさせるからであろう。そしてこれができるかどうかは、サッカーに関する語彙を増やし、これらの言葉を使って選手とコーチが効果的にコミュニケーションできるかどうかにかかっている。

これまでも指示や反応についてのシンプルな言葉のように、身体的パフォーマンスやテクニックに関するサッカー特有の言葉はあった。しかし、21世紀のサッカーはより複雑になり、洗練されてきている。選手も様々な知識を持っており、しかも自立している。したがって現代のコーチは、困難を乗り越えられる凝集性の高いチームを作るには、これら全てをうまく扱えるようにならなくてはならない。

形式や内容に関係なく、コミュニケーションはチーム作りにおいて最も大切な事柄になりつつある。ハイレベルのパフォーマンスを発揮するために必要な情報をやりとりする能力に欠けるコーチや選手が支払う代償は大きい。**図8・1**と**8・2**は、効果的なコミュニケーションをとるために選手やコーチに求められる事柄を示している。選手やコーチはタイプや立場の違った様々な人々とうまく交流できなくてはならないのである。

選手やコーチが自分たちの考えを相手に伝えるために増やしてきたサッカー用語はいくつかの内容に分けられる。

●自己への語りかけ―選手は内側の声をポジティブにする努力の必要性を認識すべきである。

●話し方―サッカーでのやりとりは、動きながらなされることがほとんどである。だから、うまくやりとりするためには話のうまさも大切である。

●聞き方―コーチと選手にとって最も必要なのは、聞くスキルをしっかり身につけるということである。

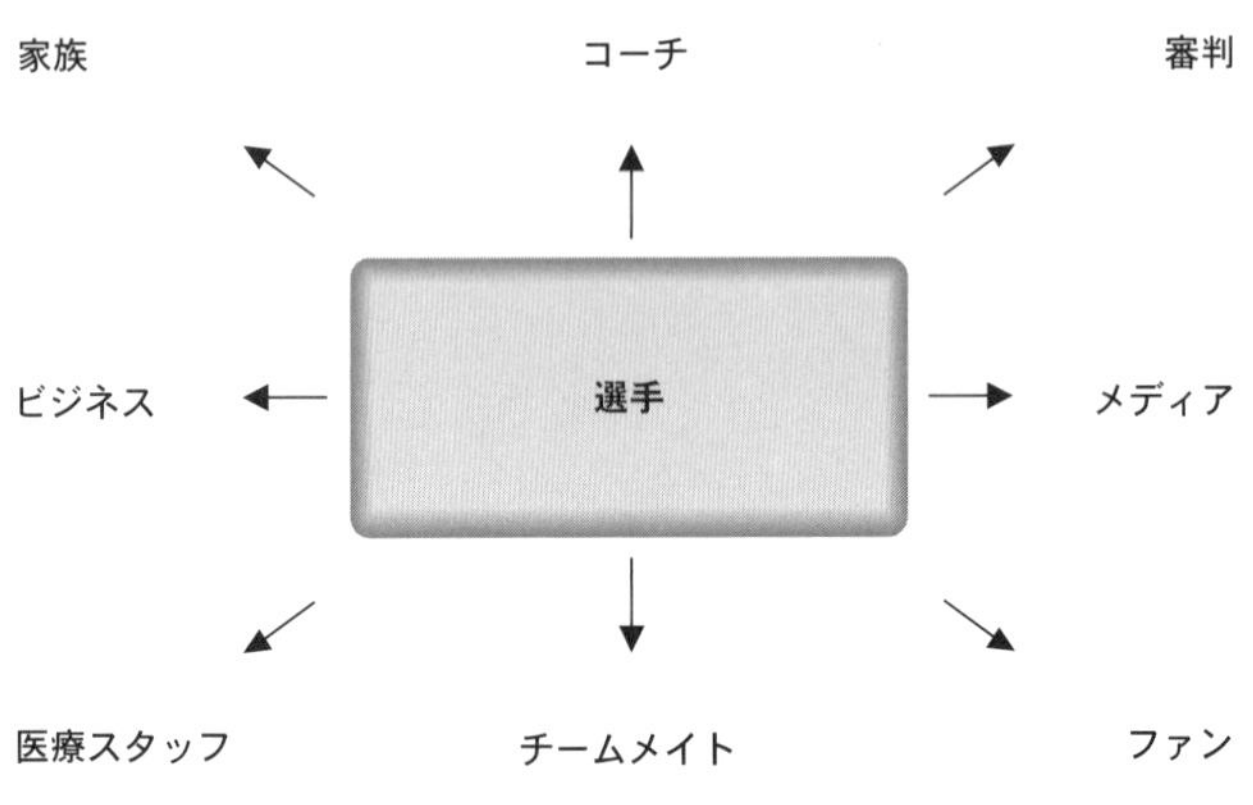

図8.1 選手とコミュニケーション

●つながり―技術以外のことでも話をすることで人間関係が生まれる―コーチと選手の絆、選手同士の絆がチームワークを作り出す。

●ボディーランゲージ―言葉だけでなく、その表現方法によってメッセージを完全に伝えることができる。特にコーチは、自分のボディーランゲージで選手の信頼を損なわないように気をつけるべきである。

●見せ方―コーチが言葉で伝えた注意の中で、選手が覚えておけるのは多くて3つまでであろう。しかし、内容をフリップにまとめたり、ロッカールームの壁に貼り出したりすれば、選手は何度かそれを目にすることができ、詳細な内容まで吸

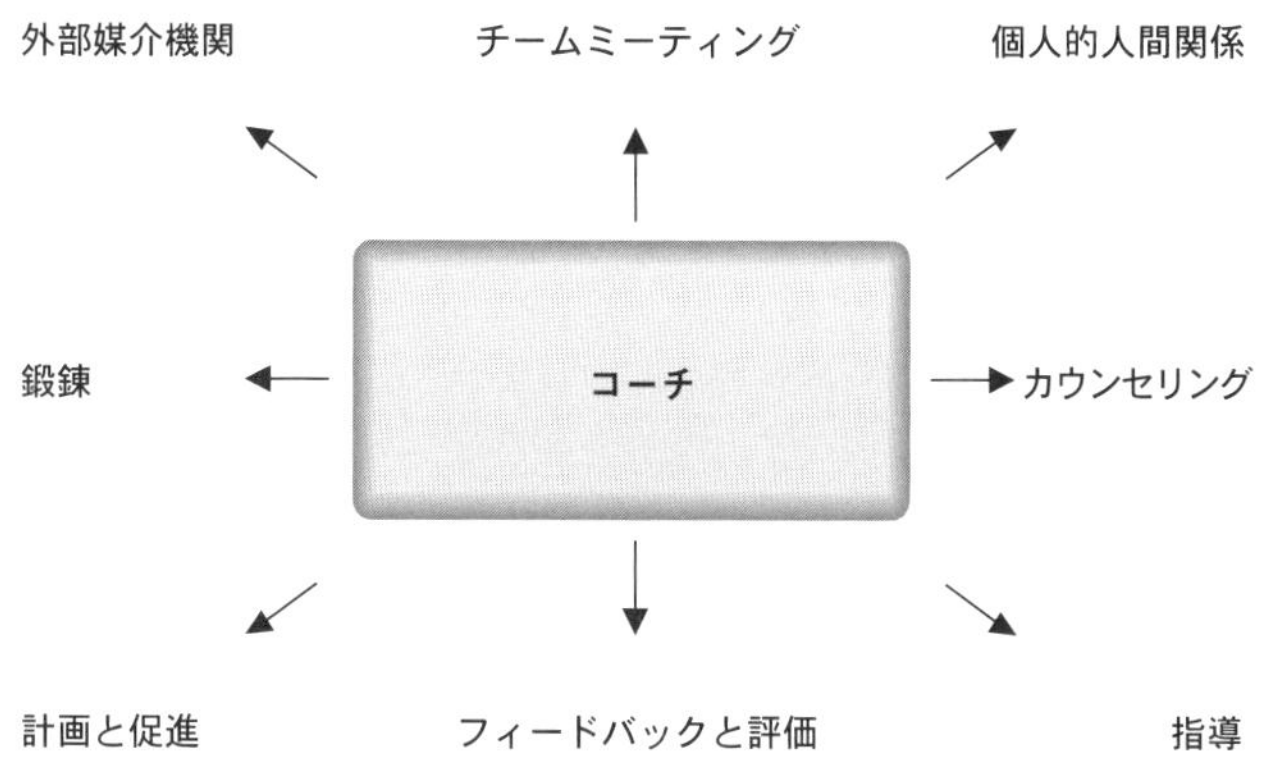

図8.2 コミュニケーションスキルが重要となるコーチの責務

収する。

●テクノロジーの利用──現代の選手はハイテクを利用したメッセージに慣れている。したがって、選手の興味を惹きつけながら指導するためには、コーチはオーディオテープ、ビデオ、e─メールといった新しい手段を使いこなせるようにならなくてはならない。

自分の性格や哲学に合った方法でコミュニケーションをはかるのがベストであることは確かだ。しかし、どんな形式のコミュニケーションでも、そのために必要なスキルは学べるということをコーチも選手も認識しておくべきである。その努力に見合った結果はやがてもたらされる。

良好なコミュニケーションの原則

Principle of Good Communication

コミュニケーションの基本的原則のいくつかは、その内容にかかわらず選手やコーチが必ず知っておかなければならないものである。

●相手の名前を事前に知っておき、名前で呼ぶ。礼儀であり、親近感も湧く。

●最終的にどうしたいかを考えておいてから話しかける。

●共感する。他の人の考えを理解するよう努める。つながりを持つことが目的であり、相手をやり込むことではない。

●リラックスして心を開く。ネガティブなボディーランゲージを発しないように気をつける。
●話し相手の顔をまっすぐ見て、目を合わせる。
●相手によって話し方を変える。通常は飾らない方がよい。
●話の筋に従って会話する━脱線しないように気をつける。
●客観的になり、感情をコントロールする。
●正直になる。誤解を招くようなことは言わない。
●自分のメッセージが正しく伝わり、理解されているか時々確認する。
●鍵となるメッセージは繰り返す。別の言い方で強調する。
●ユーモアを交えることで、可能な限り明るい雰囲気にする。
●相手に質問させる時間をとる。
●受容的ボディーランゲージを駆使して積極的に相手の話を聞く。
●異文化を理解し受け入れる努力をする。
●合意したことをまとめてから会話を終了する。

コミュニケーションの崩壊

コミュニケーションの障壁となる事柄を理解しておくことで、コーチや選手は崩壊を防ぐことができるかもしれない。私が実際に目撃したコミュニケーションがうまくいかなくなった典型的な例を以下に紹介する。

●決めつけ―何を要求されているか当然選手は知っているはずだとコーチは決めつけ、コーチは自分たちの気持を理解しているだろうと選手は決めつける。

●意見の相違―意見の相違は避けられないことであるが、違っていればこそコミュニケーションをより積極的にはかるようにしなければならない。反対意見が述べられるチームにすべきである。

●チーム優先―これも避けられないことであるが、コミュニケーションを活発にすることで共通の考えが構築され、チームのために個人の事柄を犠牲にせざるを得なくなる。

●役割の葛藤―自分が最も力を発揮できるポジションでプレイできないと選手は憤慨する。しかし、コーチがその理由をきちんと選手に伝えることでその怒りを和らげることができる。共通理解も得られるだろう。自分に与えられた役割や期待がよくわからない場合、チーム内に防衛的な雰囲気が生じる。

●権力争い――チームは常に進化しており、チーム内の序列が問題にならないことはない。ヘッドコーチやキャプテンが序列に関してチーム全員にはっきり伝えない限り、問題を悪化させるだけである。

●言葉上の誤解―コミュニケーションは言葉に影響されることをしっかり理解し、認識しておかなくてはならない。コーチは、自分の意見を伝える場合の言葉やボディーランゲージに気をつけるべきである。選手が自分の言ったことをきちんと理解しているのかも常にチェックするとよい。

●不公平感―サッカーでは咄嗟に決めなければならないことがたくさんあり、それが諍いの元になる。そのような決定を下す権力はコーチが常に持っているべきであり、選手は下された決定を実行する自制心を備えていなければならない。と同時に、チーム内の緊張を高めるのではなくほぐすため、適当な時期に選手にフィードバックするとよい。

●役割変更―プロのクラブでは、選手の役割を変更させたり、身分さえ失わせかねないような出来事（メンバーから外される、けがをする、フォームが崩れる）が毎日のように起こる。そういう場合、コミュニケーションが急速に失われることが多く、問題をさらに悪化させてしまう。コーチや選手はこのことに敏感になるべきで、支援的なコミュニケーションを維持する方法を模索しておかなければならない。

コミュニケーションネットワークの構築

Creating a Communication Network

ダービー・カウンティーでの3年間のコンサルタント活動を振り返ってみると、私が最も貢献できたことは、クラブを防衛的な雰囲気—派閥、権力争い、仲間外れ、パフォーマンスの批判ではない個人攻撃—から、ポジティブなコミュニケーションをとることができ、チームの問題を皆で分かち合う支援的な雰囲気に変えたことだと思う。

ダービー・カウンティーくらいのレベルになると、新人が入ったり、外国人が入ったりしてチームメンバーが変わるたびに内部でのやりとりの量と内容が変わってしまう。しかし、以下に示す基準があったことでその変化にチームを順応させ、ポジティブな雰囲気を保つことができた。

●正直さ—正直で隠し事がなく、わかりやすく、首尾一貫した直接的コミュニケーションを常に心がけた。全員に話すかどうかの判断基準となったのは、チームのためになるかならないかということであった。

●フィードバック—選手には定期的にフィードバックする必要がある。コーチたちは選手に与える指示やコメントを考えるのにかなりの時間を割いていた。

●安定性—変化が多過ぎると、チームの心理的、感情的安定性が阻害されかねない。不安を増加させ、コミュニケーションを低下させるのだ。ダービーでは、変えることのアドバンテージと安定させておくことの利点について定期的に話し合いを設けた。

●継続的セレクション—チームに残れるかどうかということは全選手にとって重大な問題である。選手が集まれば誰がチームに残れて、誰が残れないかという話になりやすい。変更する可能性は常にあったものの、ダービーではポジティブな心構えとコミュニケーション—すなわちよいパフォーマンス—を保つにはある程度の継続性を持つべきだと考えていた。

●中心と周辺—常に選抜され多くの責任を任せられる中心選手と、レギュラーになれない周辺選手がどのチームにも存在する。周辺選手を無視するわけではないが、ダービーでは中心選手とのコミュニケーションを優先させるというポリシーがあった。ヘッドコーチは中心選手を集めて定期的にミーティングを設け、キャプテンは毎週私と面接を行っていた。そうすることで問題を早期に発見し、ロッカールームの雰囲気を把握して選手間の摩擦を少なくすることができた。

●チームトーク—選手（そしてコーチも）が家庭から仕事へ気持を切り替えやすくするため、巷で有名な「プロゾーン・ルーム」で練習を開始させることにしている。その部屋には血行をよくするために選手の体に音波を流す特殊な椅子があり、ウォーミングアップがしっかりできるように準備が整えられている。この部屋を利用して練習を開始することには、チーム全員やスタッフと決まった時間にコミュニケーションがとれるという利点もある。我々はこの時間を、集中し始めるきっかけにしたり、クラブ業務上の連絡を伝えたり、過去の試合を振り返ったり、これからの試合について話し合ったりするために使っている。選手の心理面、感情面に役立つような話をする時間が私にも与えられた。

●ビデオ――ビデオという、今どきの選手にとって最も自然なコミュニケーション手段を用いる機会がダービーでは劇的に増えた。我々は今では独自のビデオを製作し、選手のモチベーションを高めたり、教育したりする目的で使っている。鍵となる映像の方が千の言葉より選手にインパクトを与えるということは実際よくある。

●特定のグループ――例えばゴールキーパーと3人のディフェンダー（我々は3―5―2のシステムをとっている）のプレイといったように、特定の課題を扱う場合、コーチは遠慮なく関係する選手だけを集めてミーティングを開き、ビデオを見ながらディスカッションを行う。同様に、私は私の判断でチームワークを高めるトレーニングを実施し、その中で来シーズンのチーム目標を決めたりする。このような話し合いのうえでの合意は、シーズン中のさらなる話し合いを促進する。

●1対1――結局のところサッカーをするということは個人的な挑戦である。クラブ内で最も大切なのはコーチ同士の、コーチと選手の、そして選手同士の1対1のコミュニケーションである。これらのコミュニケーションは正式なものでなくてよい。むしろ選手は、普段の何気ない状況で話ができた方が気楽だと感じることが多い。コーチはそのような接触の機会が持てるように努力し、スター選手だけでなく、全員と話をするよう心がけるべきである。コーチの中には、誰かを長い期間放っておかないように、誰といつ話をしたかという記録をつけている者もいる。私は、このように個々の選手と話をすることが選手の求めるもの、希望、そして目標を知る一番の方法だと思っている。

COLUMN

●危機的状況でのフィードバック

ダービー・カウンティーが不調だった時期に、その状況をどう考えているか各選手に質問したところ、彼の望むような回答をしないチームに対して監督のジム・スミスは苛立っていた。私は、チームミーティングのようなオープンな状況で、様々な国から集まっている選手たちにそのような難しいことを答えさせるのは無理だとジムに説明した。

いつものようにジムは私が間に入ることを許してくれた。午後のチームミーティングの終わりにスタッフ全員が退席し、選手と私だけが残った。リラックスさせるためにユーモアを交えて話をした後で、私はフィードバックをする権利が選手にもあることを説明した。そして、それを秘密で不利益の及ばない方法で実施してはどうかと提案した。

私は選手を5つのグループに分け、スペイン語からイタリア語に訳す通訳をそのうちの1つにつけた。そして、クラブがこのひどい状態から抜け出すためにできる事柄を最低5つ紙に書き出させた。紙には名前を書かないよう念を押したので、選手たちは匿名だということは認識していた。選手と私には信頼関係ができていたので、この作業に特に問題はなかった。

当初10分程度で終わると思っていたが、自分の考えをフィードバックする機会を得たことを選手たちがとても喜んだので、結局45分もかかってしまった。その後で行われたコーチングスタッフのミーティングで、私は選手たちの意見を全て紹介した。私たちは9つの選手の提案を実行に移し、4つは次の日の練習から採用することを決めた。翌日の選手たちの反応は素晴らしかった。コーチの言うことをよく聞き、よく答え、全員が一致団結し、全体の雰囲気が高まった。

残念なことに、若き世界的スター選手ローリー・デラップに関する提案は採用できなかった。その提案とは、「ローリーのクローンを11人作れ！」だった。

コミュニケーションと選手

Communication and the Player

サッカーは社会と関わりながら行われるチームスポーツである。コミュニケーションに関する様々な外的プレッシャーから完全に逃れることのできる選手はいない。常にプレッシャーにさらされている選手は困難を避けることも、それに対処することも、それによって成長することもできる。『Success Is a Choice（成功は選ぶもの）』という本の中でリック・ピティノ（1997）は、コミュニケーションがとれない選手は成功しないので、選手に選択肢はないと述べている。さらに、コミュニケーションがうまくとれる人の利点を次のように表している。「コミュニケーションとは、目標への到達を助けてくれる人々と接触することである―そして、あなたも誰かが目標を達成させるのを手伝うことになる」。

選手の実力が高くなればなるほど、成長を妨げるトラブル―選ばれない、けが、コンディションの崩れ、クラブの移籍、個人的問題、家族の問題など―の及ぼすダメージは大きくなる。これらの問題を解決する第1歩となるのがコミュニケーションである。選手は助けを求める勇気と自信を持たなくてはならない。イングランドチームとダービーにおける私の役割は、選手を誰1人として孤独にしないことであった。私は〝全員の友だち〟であり、選手が最初に相談する相手であった。

選手は次のガイドラインに従うとよいだろう。

●前向きな支援グループを作っておく―話を聞いてくれ、必ず助けてくれる人々を持つ。
●批評を真摯に受け取め、そこから学ぶ―優秀な選手になるために必要なこととして受け入れる。
●チームメイトに心を開き、コミュニケーションの支援的ネットワークの一員になる。ボッテリルとパトリック（1996）は次のような考え方を表している。
「プレッシャーの元でチームメイトをサポートし、励ますことは、効果的なコミュニケーションの最も大切な要素の1つである。それは人々のレディネス感、自信、モチベーションに多大な効果があり、価値のある相互作用を生み出す。」
●上手に聞く力を養っておく―皆から様々なことを学ぶことができる。
●感情的になるような場面でもコミュニケーションを絶やさない方法を学ぶ。
－クラブ内の意見の交換にうまく対処する。
－難しい問題にも率直に取り組む。
－情報を分かち合う。
－悪いニュースもよいニュースと同じように素直に受け取める。

Communication and the Team

コミュニケーションとチーム

スポーツ心理学者がチーム内の問題を調べようとするときは、質問したり、観察したりすることで争いのもとを探そうとする。ほとんどの場合、諍いはコミュニケーションの問題が原因である。問題が発生する典型的な状況は以下の通りである。

- **●論争が間違った方法で扱われた。**
- **●文化の違い。**
- **●コーチによる威嚇。**
- **●コーチが話を聞いてくれないため、選手が問題を棚上げされたと感じる。**
- **●コミュニケーションのチャンネルが混乱。**

高い目標に向かって努力しているチームには緊張や不安はつきものである。しかし、これらを解消する唯一の方法はコミュニケーションを活発にし、問題の共有感を高めることである。

第10章ではチームの凝集性を高め、効果的で正常なコミュニケーションの役割について詳しく述べている。それを**表8・1**では、チームワークを築くためにコーチや選手が身につけておかなくてはならないコミュニケーションの要素を中心に示し、チームを築き上げていくプロセスの各段階で、コーチや選

表8.1 チームワークを築くためのコミュニケーション

コーチ	チーム作りのプロセス	選手
その気にさせる	コーチは自分のビジョンを伝える	聞く
聞く	選手はそのビジョンを受け入れる	コミットする
話し合いをする	話し合いによってチームの運営方針と共有意識が合意される	話し合い、質問する
目標人物として受け入れられる	総意によってチームの価値とアイデンティティーが確認される	目標とする人物として受け入れる
明確にする	ここまでのプロセスを再確認する	理解する
挑戦	チームの目標を設定する	受け入れる
1人ひとりを高く評価する	個人の目標を設定する	心を開き、意見を主張する
ポジティブでいる	一生懸命する、サポートする、励ます	ポジティブでいる
個人攻撃はせず、建設的になる	指導、努力、評価、フィードバック	積極的に話を聞く
感情をコントロールする	ミスの処理と修正	理解し、受け入れる
誉める	いいプレイを誉め、強化する	素直に喜ぶ
ミーティングの実施	情報の流れをスムーズにしておく	意識を高めておく
選手が楽しめることを探す	ユーモアは緊張を緩め、心配は尾を引く	楽しくなるように協力する
隠し事をしない―公平で毅然とした態度	必要なときは規律を与える	受け入れて実行する
共感する	選手の個人的問題にも対処する	助けを求める
コミュニケーションを保つ	悪いときこそうまく処理する	コミュニケーションを保つ
コミュニケーションを高める	諍いを解決する	コミュニケーションを高める
話を聞き、尊重する	試合時期の選手の要求にできるだけ応える	状況をコントロールするためはっきり意見を言う

手が果たすべきコミュニケーション上の責務を明確にしている。

COLUMN

●コミュニケーションの口火

様々なクラブから選手を選抜して結成したチームや、新しいメンバーを何人もリクルートしたクラブに対して、私は和やかに、楽しくコミュニケーションを促進させながら座をほぐすゲームをよく行う。

選手全員を円陣に座らせ、キャプテンにボールを渡す。1枚のフリップに質問を1つ書いておき、指名された人はその質問に答えるように指示する。キャプテンからスタートして、質問に答えたら円陣の誰かにボールを投げ、受け取った人が同じことをするという具合に繰り返していく。1つの質問は3分間示され、時間がきたら私がフリップをめくって次の質問に移るのである。

このゲームのポイントは、差し障りのない質問から始めて、徐々に選手に話し合って欲しいと思うテーマに変えていくことだ。

次に挙げるのは私がチームワークに問題を抱えていた女子サッカーチームと関わったときに用いた質問である。

Q1. サッカーをしていて最も楽しいと感じることは…

Q2. サッカーをしていて最も嫌だと思うことは…
Q3. 私が最も素晴らしいと思うチームは…、なぜなら…
Q4. 私を最もがっかりさせるチームは…、なぜなら…
Q5. 私が最も尊敬する選手は…、なぜなら…
Q6. 私を最もがっかりさせる選手は…、なぜなら…
Q7. 私が最も尊敬するチームメイトは…、なぜなら…
Q8. 私がこのチームに貢献できる3つの鍵となる事柄は…
Q9. もし…をすれば、このチームはもっとよくなる

30分足らずの単純なトレーニングであるが、そのチームが抱える問題について話をするための様々な質問を盛り込むことができる。このような展開の早いトレーニングでは、かなり正直な気持や打ち明け話が飛び出すことが多い。

コミュニケーションとコーチ

Communication and the Coach

全てのコーチにとってコミュニケーションは成功への第1歩である。ビル・パーセルズ（1995）

はそれを、「コーチングとはすなわちコミュニケーションそのものである――いかに選手をその気にさせ、やって欲しいことを伝えられるかが全てである」と書いている。

過去に自ら選手として活躍し、今はハイレベルの選手たちを指導しているコーチたちを観察していると、コミュニケーションに関する3つの主要な問題が浮き彫りになってきた。

1. 試合を冷静に見ることができない。コーチが分析的観察者ではなく観客になってしまうのである。チームに必要な重要なポイントを見落とすこともある。そしてハーフタイムには、試合に勝つための客観的コミュニケーションができず、感情をあらわにしてしまう。

2. コミュニケーションに関して全く知識のないコーチもいる。そのようなコーチは、例えばフリップやビデオの力を借りることもしない。大切なアドバイスも繰り返し同じことを言われれば聞いている方は飽きてしまう。それを防ぐ1つの方法は、伝え方にバリエーションをもたせることである。テクニックには優れているのにコミュニケーション能力に乏しいコーチは、チームミーティングや個人カウンセリングをそのような能力のあるアシスタントやスポーツ心理学者に時々任せてみるのもよいだろう。

3. サッカーの指導に夢中になってしまうあまり、人間を相手にしていることを忘れてしまうコーチもよくいる。そのような非効率的コミュニケーションの例が、『Football Coaches Association journal』に掲載されており、その記事の中でリーフ・アイスバーグ（1997）

はユースのコーチによる若い選手の指導を観察した結果を紹介している。選手の動きを変えさせるため、コーチは3試合でそれぞれ116、187、55回指示を与えていた。アイスバーグは、そのうちの67、55、12回でコーチが選手の名前を言わなかったために選手が混乱したとして、それらを余計な指示として分類している。

コーチにとって参考になるガイドラインは以下の通りである。

●コーチからのあらゆるコミュニケーションは重要な意味を持つ。だから、選手があなたのメッセージを誤解しないよう確実に伝える。
●先を読んで行動し、問題を見つけたら積極的にコミュニケーションをはかる。問題を先送りしてそのうち消え去ることを期待してはいけない。
●選手がポジティブな希望を持てるような、ポジティブな言葉を使う。選手の悪いプレイを罰するのではなく、よりよいプレイに挑戦するように促す。
●絶対に決めつけない。
●全てのコミュニケーションを大切に扱う。選手全員に敬意を表す。
●選手全員に時間を割く。研究によると、コーチはスター選手に時間をかけることが圧倒的に多い（最高で7倍！）。
●できない約束はしない。

●自分ができないことを強要しない。
●コミュニケーション中のボディーランゲージに気を配る。ロンバルディ（1996）は、コーチと選手のコミュニケーションに影響を及ぼす要素についてのメーレビアンによるとても興味深い研究を紹介している。それによると、選手にインパクトを与えた要素のわずか7％が口頭（使われた言葉）によるもので、38％が音声（どのように言葉を発したか）によるもの、残りの55％は言葉以外（用いられたボディーランゲージ）のものであった。
●選手の自尊心を強化するため、批判と称賛のバランスをとる（誉める―批判する―誉めるの順で行うサンドイッチテクニックはお勧めである）。自尊心が傷つきやすい若い選手の場合、より誉める方にバランスを傾ける。
●ミスを犯した後にコミュニケーションをはかるときは、ミスではなく直す方に焦点を当てる。
●自分の感情をコントロールするトレーニングをする。
●よい聞き手になる努力をする。
●よき質問者になる努力をする。いつもコーチの意見を聞こうとする選手ではなく、自分を振り返り、自らを評価する選手を育てる。「今の自分をどう思うか？」と選手に質問してみる。
●文化的違いを認識し、その違いを考慮して判断する。
●選手を名前で呼び、選手の家族に関する情報も収集する。そうすることでただの選手ではなく、人間として見ていることを伝えられる。
●準備は常にしておく。スティーブン・コーベイ（1989）のどんな結果にしたいかを考えておけというアドバイスに従う。「終わりを念頭において始めよ」。
●その人ではなく、パフォーマンスを批判する。
●感情がコントロールできなくなったときにコミュニケーションをはかろうとするのは避ける。展望と客観性が戻るまで待つことを学ぶ。
●インフォーマルなコミュニケーションの機会を最大限に利用する。練習グラウンドでそっと言った言葉の方が正式なミーティングでの話より効き目があることは多い。
●ユーモアを取り入れる—楽しいことが最大のストレス解消になる。
●常にお互いが納得したことを明確にしてコミュニケーションを終了する。「さて、我々がすると決めたことはこれだったよな」。

COLUMN

●気風の設定

全てのミーティングに対してコーチはしっかり準備をしておかなければならないのは当然だが、イングランドチームにとって最初のミーティングは特に大切だった。最初のミーティングでグラウンドにおけるルール、心構え、そしてスピリットを伝えなくてはならないからである。以下に示すのは、集合初日のミーティング（最長で45分間）に関する私のヘッドコーチへのアドバイスである。

●最初の大切なチームミーティングであるから、これによってコミュニケーションと人間関係の気風が決まってしまう。

●暖かく選手を迎えつつ、すぐに威厳のあるビジネスライクな態度に変える。あなたの自信と専門性を示す場である。

●話をしている人に意識を向け、その話を聞き、敬意を示す（携帯電話の使用は禁止）ことがこのチームの掟であることを最初から認識させる。

●可能であれば邪魔が入らない快適な部屋を用意し、円陣に選手を座らせる。そうすることでアイコンタクトが促進され、皆同じ立場だということを示せる。

●この時点で感じている問題やこれから問題となりそうな事柄があれば、それを真っ先に明らかにする。そうすることで選手は集中して話を聞けるようになる。例えば「この部屋で何か不都合なことはあるか？　食事は大丈夫か？　体調を崩していないか？　その他困ったことはないか？　大丈夫なら、さあ、始めよう」というように聞いてみるとよい。

●スタッフを再度紹介し、自分の話が終わったらそれぞれが2、3分話をすることを伝える。

●いつでも可能な限り選手を名前で呼ぶ。自分やスタッフをどう呼んで欲しいかも伝える。チームの課題を明確にし、自分が考える成功を詳しく説明する。自分たちが成功する唯一の方法はお互いが協力することで、だから全員が大切だということをスタッフと選手に再認識させる。これからどのように進めていきたいと思っているかという自分の考えを示す。全員がコミットできるシンプルかつ明確でポジティブな目標を提案する。

●なぜ選ばれたのか、そして、その名誉に応える責任があることを選手に再認識させる。どのチームにも必ずあるグラウンド内外でのルールを明確に伝える。

●成功の妨げになりそうな事柄を再確認する。

●準備した手順に従って選手に話をする（視覚的な資料を使ったり、選手のスケジュールをプリントして配ったりするのは有効である）。成功を確実なものにするため、導こうとしている方向性を選手に納得させておく。

●ここまでで何か質問があるか確認する。どんな質問やコメントにもきちんと耳を貸す。

●チームの成長に直接的、間接的に影響する事柄について率直に、正直に話をする。

●このミーティングが皆のものであることを強調するために、常に〝我々〟という言葉を用いる。

●過去の成功を全員に思い出させ、ここにいるベテランの選手たちは新人選手を助けてくれることを認識させる。

●あなたの今後の方針を再度伝えてから、第1段階の話を終了させる。
●スタッフを順番に紹介し、1人2分以内で自分たちの役割を説明させる。
●モチベーションを高めるビデオを見せる。私たちは"This Is England"というナショナルチームの名場面を短く編集したビデオを使っている。
●ビデオで高めた〝最高のイメージ〟と、あなたがこのチームに寄せる高い期待を結びつけてミーティングを終了する。

Summary まとめ

サッカーはますます洗練されたチームスポーツになってきており、優秀な選手や協調性の高いチーム作りには効果的なコミュニケーション能力が不可欠となっている。選手やコーチはこれまでのような言葉や体によるコミュニケーションスキルを高めるだけでなく、最新のテクノロジーを駆使できるようにならなくてはならない。しかし、いずれにせよコミュニケーションの目的は、試合の意味や選手に与えた役割の理解を促進させるメッセージを伝えたり受け取ったりすることである。

サッカークラブに問題が生じたときは、コミュニケーションが機能していないケースが多い。危機的な状況であればあるほど、選手やコーチはコミュニケーションを減らすのではなく、至急増やさなければならない。チームワークの基礎は人間関係作りである。効果的なコミュニケーションは、チームの凝集性を高めるための極めて重要な要素である。

サッカー選手がサッカーをするのではなく、人間がサッカーをするのである

サッカーがチームスポーツである限り、そのチームに関わる人間同士の良好なコミュニケーションが、成功をもたらす最も重要な要素であると言えるでしょう。

サッカーの世界では、〝ディシプリン〟という言葉がよく使われますが、コミュニケーションの基本となるのが、このチームの〝ディシプリン〟であると思います。チームの原点を示すことなくして、よいコミュニケーションは取れません。チームが混乱したとき、チームの雰囲気がよくないとき、なかなか成果が見えないときに、スタッフや選手の精神的な原点に戻る。いわば、前に進んで行って、うまくいかないときに〝戻る場所〟が〝ディシプリン〟と言えるでしょう。

チームの〝ディシプリン=規律〟とは、具体的にはどのようなものなのでしょう。私は、〝ディシプリン〟を非常にシンプルに捉えています。例えば、「自分以外のチームのメンバーに対して、常によい影響力を与え続けること」。このようなルールを作ります。そうすると選手やスタッフは、常に周りの人間に対して、よい影響を与えるように行動します。

このような簡単なルールは、実は、サッカー選手として成功するために重要なものではなく、あらゆる分野の成功に共通する、人間としての重要な考え方だと思っています。

自分が輝きたいなら、自分が輝くための環境を作ることが大事です。そのために、自分の周囲にいる人間とよい人間関係を構築しなければなりません。人間のストレスの大きな原因の1つは〝人間関係〟にあると思いますが、そのストレスを解消してくれたり、大きな支援をしてくれたりするのも〝人間関係〟であると私は考えています。

スポーツ選手として、あるいはサッカー選手としての特別なコミュニケーションの取り方があるわけではないのです。つまり、この章に書かれていることは、人間としての良好なコミュニケーションの取り方のヒントです。

相手を名前で呼ぶ。これは、サッカーのコーチだけでなく、小学校や中学校の教師にとっても、最も基本的なコミュニケーションのルールです。人間として、自分が他人にどうされたら嬉しいか、気分がよいか、それを考えることが、コミュニケーションの原点ではないでしょうか。

第9章 役割の明確化

Role Definition—Playing Within the Team Framework

●●●●●●●●●●

チームの
枠組みの中で
プレイする

才能に気づかないことほど資源の無駄はない。

……………………フランクリン・ルーズベルト大統領

イングランドサッカーにおいて最も悲しい出来事の1つは、1998年のワールドカップ直前のトレーニングキャンプからポール・ガスコインが追放されたとテレビが伝えたことであった。ポールはチームで最も技術の才能があった選手だったが、気持と生活上のトラブルからキャンプに来ることができず、チームを結束させるための規則を破ってしまったのである。

コーチの伝記などでは、チームに溶け込めない才能ある選手との人間関係を取り上げているものも多い。コーチ、フィル・ジャクソンは、デニス・ロッドマンの破天荒なライフスタイル―彼は時々試合にドレス姿で現れた―に関係なく、彼にシカゴブルズのためにリバウンドを取るという大事な役割を与えた。フィルは「どんな種族にもひねくれ者はいる」として、他のメンバーに大人として振るまい、プロとしてそのつむじ曲がりのチームメイトとうまくやるように説得した。

同様に、ラグビーの優秀なコーチ、カールウィン・ジェームスは、ニュージーランド遠征のとき、才能はあるが練習嫌いのバリー・ジョーンズ選手には地元の子供たちとサッカーをさせたという。

この本は完成された選手というものを描き出そうとしている。しかし、全ての能力―身体的、技術的、心理的、感情的―に優れ、コーチに協力的な生活を送ろうとしている選手を探し出すことは不可能に近いことは認識している。成功を収めるためには、才能がそれほど突出していない選手でもコーチがうまく育て、短所が長所の邪魔をしないようにさせなければならない。

私は最近のワークショップで、コーチたちに選手の才能という観点からイングランドプレミアリーグ所属の20チームをランク付けしてもらった。ダービー・カウンティーは18位にランクされ、チームXは4位だった。私はこのランキングを最終的なリーグ成績と比べてみた。ダービーは8位で終了し、チームXは14位でシーズンを終えた―両チームとも実際は10位も順位が違っていた。ダービーが良過ぎるほどの成績を残せたのは、弱点を抱える選手たちにコーチングスタッフがポジティブな影響を与えていたからだということは明らかであり、一方チームXは、コーチングスタッフと指導方法を検討し直す必要があった。

ナショナルチームには選手の弱点を補強している時間などないことが多く、各選手が最もチームに貢献できるプレイを常にうまく引き出すようにしなくてはならない。我々は選手が要メンテナンス群とメンテナンス不要群（**表9・1**参照）に分かれることを経験的に学んだ。大きな試合まで数日しか準備期間のとれないチームに要メンテナンス選手を大勢抱えることはできない。

コーチと選手の良好な人間関係は偶然できるものではない。よいチームを築くには時間、努力、そして入念な計画が必要である。ダービーが成功したのは、チームのために自分に与えられた役割と他の人々の役割を全員が明確に理解し、評価する練習環境を作り出す力があったからであろう。

選手の役割を明確にする

Defining a Player's Role

選手個人がプレイへの準備が整ったと感じるのは、ピッチでの自分の役割を理解し、その役割を受け入れた場合のみである。

役割の明確さとその受け入れやすさは選手の自信とモチベーションに大きく影響し、チームというユニットにその選手を組み込むために重要な役目を果たす。自分たちがどの程度うまくできているかをチェックするには、選手は以下の質問に答えてみるとよい。

●自分に与えられた役割を楽しんでこなしているか？

表9.1　要メンテナンス群とメンテナンス不要群の特徴

要メンテナンス群	メンテナンス不要群
外的動機づけ、絶えずなだめていなければならない	内的動機づけ、注目を求めない
鍛錬されておらず、信頼できない	鍛錬されていて、信頼できる
自己中心的、自分のことしか考えない	課題中心的、パフォーマンスを考える
挑戦と思わず、問題と捉える	問題と捉えず、挑戦と思う
チームの調子が低下したとき、あがく	チームの調子が低下しても切り抜ける
他の人の役割にも手を出す	自分の役割をわきまえ、実行する
ミスが忘れられない	ミスから立ち直る
不安定なパフォーマンス	安定したパフォーマンス
自分で基準を設定できない	自分で基準を設定する
ピッチ外でも問題を起こす	ピッチ外では問題を起こさない

●あらゆる状況で自分がしなければならないことを把握しているか？
●いまだに新しいことを学んでいるか？
●コーチは刺激を与えてくれるか？
●全力を出し切らないと、このチームに残れないか？

これら全てがイエスだとすれば、その選手は与えられた役割に完全に専念していると感じており、より難しいことをマスターしようという意欲に満ちている。そのため、ほとんどフローに近い状態だろう。逆にノーがある場合や、練習がマンネリ化して挑戦しようという気持になれないとき、選手は新鮮さを失い、モチベーションや集中力をなくし、大きなミスを犯したりする。

選手に共感的で、選手の興味を高め、やる気を出させるような方法で役割を与えることで選手の心をすっきりさせ、気持のバランスをしっかり整えさせておくのはコーチの責任である。優秀なコーチは選手のために複雑さを軽減させるのである。ビル・ウォルシュ（1998）はコーチングのことを「不確実性の軽減」と表現している。

全てのポジションに共通する基本的技術はあるものの、コーチは様々なポジションに特有のスキルや役割を指導できなくてはならない。選手は、コーチがその選手のポジションについて本当に理解してくれていると感じられれば、コーチからの指摘をより素直に受け入れることができるだろう。このことがコーチと選手のよい関係を維持させるのだ。

これを促進させるために私が提唱した方法の1つは、あるチーム戦術をとった場合の各選手の役割と責務をコーチに詳細に書き出させることであった。**表9・2**は、3人のディフェンスラインの前でスイーパーの役目を果たしている真ん中のミッドフィルダーに求められる性格とスキルの概略を挙げたものである。このリストを見れば、選手もコーチもこのポジションの役割がよくわかり、選手の長所と短所を評価するための参考資料になるだろう。

ワールドカップで優勝したア

表9.2　ポジションに求められる性格とスキルの記述例

3人のバックライン前でスイーパーとしての役割を果たしているセンターミッドフィルダー用

要素	特徴
身体的要素	強そうな体つき、威圧的雰囲気、丈夫（けがをしにくい）、スタミナがある、素早く短いパスを上げることができる、ヘディングで競り勝てる、練習態度がよい
技術的要素	素早いコントロールに長けている（常に動いてプレイする）、短いパスの精度が高く、正確なロングパスもできる、攻撃参加ができ、いいロングパスが出せる、この役にはシンプルなプレイが合っていることを理解している
心理的要素	よい学習者、頭の回転が早い、決断力がある、心理的にタフ、十分鍛錬されている、弾力性がある（ミスからの立ち直りが早い）、責任感、優れた集中力、試合状況を賢く読める
感情的要素	落ち着いている、チームの中心人物として冷静沈着、自己コントロール力に優れ、チームメイトをうまくリードする、威圧されたりイライラさせられたりしない、ストレスをうまく処理する、信頼できる、将来のキャプテン候補
ライフスタイル的要素	ライフスタイルをスポーツに合わせられる、体を大切にする、試合への準備は慎重に行う、栄光や新聞の見出しに載ることを狙ったりしない

メリカ女子チームの中心選手、ミッシェル・エーカースは、このような詳細なデータへの注目とその分析をコーチに求めて次のように述べている。

コーチは女子選手も男子選手と同じくらい頑張らせなくてはならない。女子選手がコントロールミスをしてボールを前にトラップし過ぎたときに「よし」などと声をかけるのはよくない。私は自分の目標を次のようなカテゴリーに分けている──体力、技術、メンタル、ポジション関係、そして食事。

役割を書き出すことのもう1つの利点は、求められる役割と選手の能力とのミスマッチをコーチがより簡単に認識できることである。カーライル所属のダレン・エドモンドソンは、フルバックに適していることが判明するまでミッドフィルダーというポジションを任され、全く機能していなかった。明らかなミスマッチだったのだ。彼は新しいポジションを得て素晴らしい力を発揮した。同様に、1966年のワールドカップ決勝戦でハットトリックを果たしたサー・ジョフ・ハーストは、ミッドフィルダーとしてうまくプレイできなかったためにフォワードにコンバートされてワールドクラスのストライカーになったのである。

現代のビデオ分析や向上した統計的データを利用すれば、本来の役割と実際のパフォーマンスを比較したり、フィードバックの質を高めたり、重要な練習プログラムに関して共通理解を得たりすることは、コーチや選手にとって容易になるだろう。

表9・3と**9・4**は、可能な限りのパフォーマンス分析や役割の達成度を各選手に伝えるため、ダービー・カウンティーのコーチたちがどこまで頑張って評価したかを示している。ちなみにこの例は、最もベテランのコーチ、ビリー・マックイワンの助けを借りながらスティーブ・ラウンドが評価したものである。**表9・3**では選手のパフォーマンス全般を、**表9・4**では心理的パフォーマンスを評価している。選手たちは技術的パフォーマンスと試合での貢献度についても同様の評価が与えられ、チャートを見ればどの部分を高めればよいかがわかるようになっている。

そしてダービーのコーチたちはシーズン終了後に、与えられた役割とその詳細な内容を再検討し、次のシーズンでプレイを10%高めるためにはどうすればよいかを選手に明らかにさせていた。その後で私が同様の課題をコーチ自身にもさせるのである。

人間か道具か?

Human Beings or Human Doings?

役割の明確化、その受け入れ、そして評価方法を構築するプロセスは、コーチと選手が一緒になって努力しない限り発展させることはできない。本書ではコーチと選手の関係を民主的にすることの必要性を強調してきた。両者が選手の役割について共通理解を持つことでいくつかのメリットが浮き彫りになる。

表9.3

選手評価チャート
ーパフォーマンスー

優秀さの評価

整理番号	5
名前	ダニー
姓	ポーター
チーム区分	プロ
生年月日	1979年1月23日
ポジション	LB/CB

Derby County Football Club

日付	時間	カテゴリー	評価者	評価者合計	選手合計	差
1999年5月1日	12:00:00	選手のパフォーマンス	ビリー・マックイワン	32	40	-8

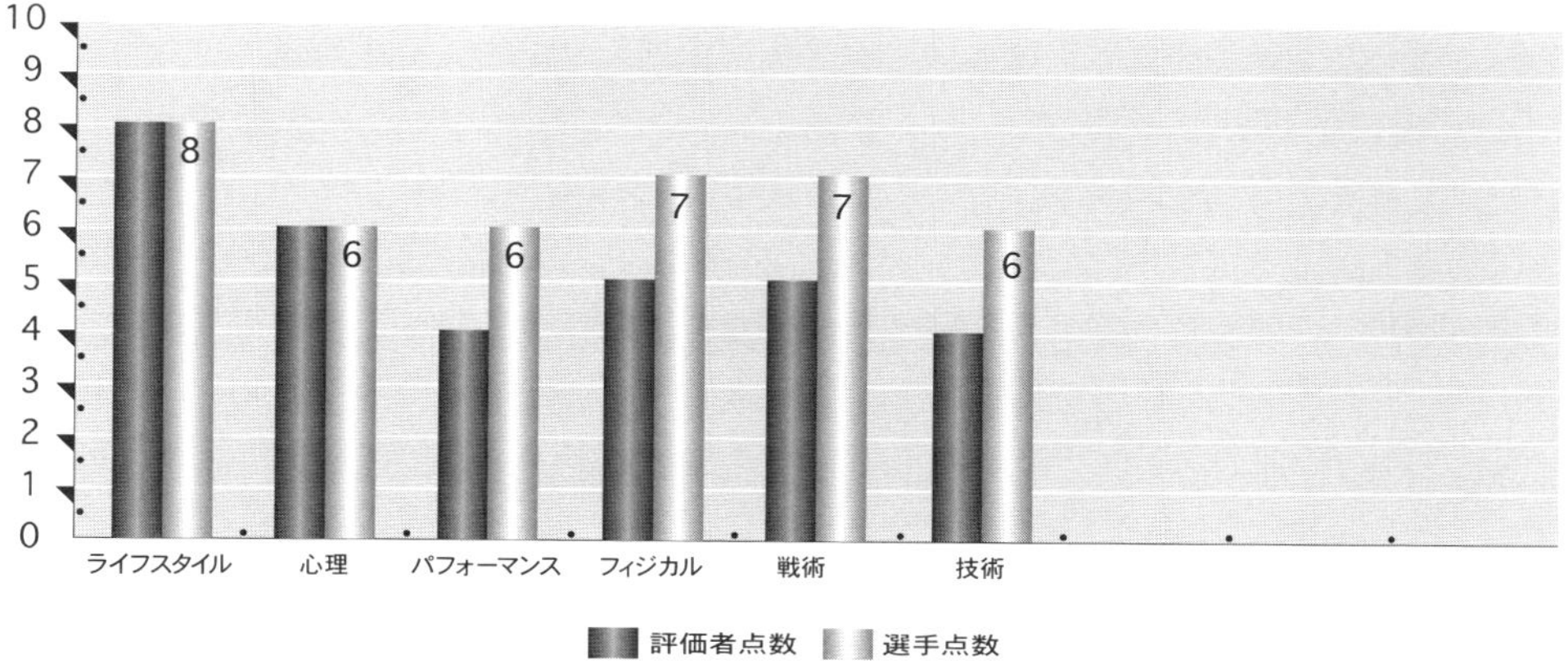

表9.4

選手評価チャート
ー心理ー

優秀さの評価

整理番号	5
名前	ダニー
姓	ポーター
チーム区分	プロ
生年月日	1979年1月23日
ポジション	LB/CB

日付	時間	カテゴリー	評価者	評価者合計	選手合計	差
1999年5月1日	12:00:00	心理的パフォーマンス	ビリー・マックイワン	59	61	-2

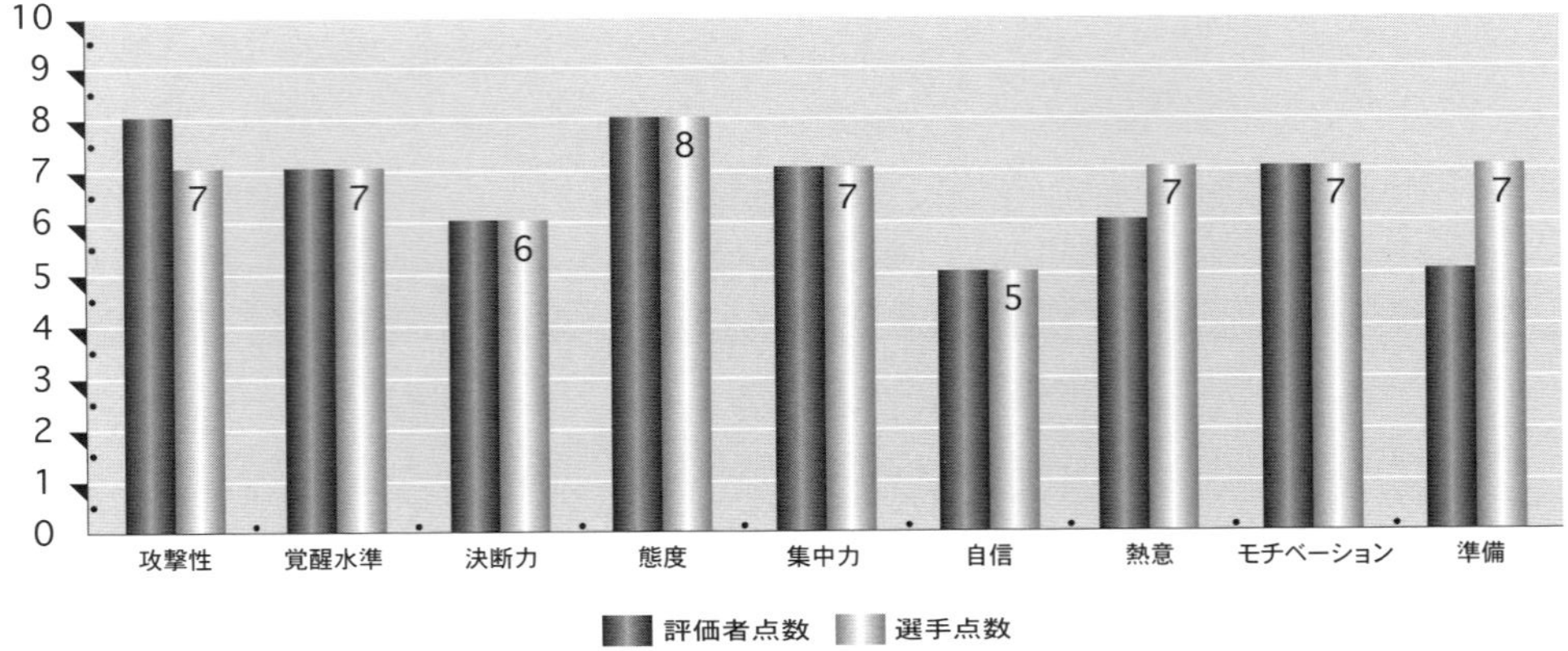

●コミュニケーションが高まり、不安が低下する。
●自分の経験や知識が尊重されていると選手が感じる。
●選手が自分の強い部分と弱い部分を理解する。
●選手が自分を見つめ直し、自分のパフォーマンスに責任を持つ。
●選手に能力以上の要求をしてしまう危険が減る。
●選手の評価がより客観的に行えるようになり、コーチから不当な批判をされる確率が減る。
●お互いを尊重する気持が高まる。

したがって、選手もコーチも試合やプレッシャーの元で自分たちに与えられた役割を果たすのに必要な情報を得ることができるのである。それと同じくらい重要なのは、一体感を分かち合うことで選手のチームへの愛着が刺激されるということだ。新人の選手や不満を抱いている選手でも、一体感を持つことができれば、やがてチームの目標や構造にうまく溶け込んでいくであろう。ビル・ウォルシュ（1998）はこのプロセスを次のようにまとめている。

チームにおける自分の役割を確立させ、自分が確実に貢献しているということに誇りが持てれば、プロとしてやっていけるとルーキーでも思うことができるだろう。〝食いぶちを稼げる〟だけでなく、チームメイトから受け入れてもらえることにもなるのだ。

役割を果たす力を選手につけさせる10のステップ

正しい学習環境を確立することでコーチは選手の成長を促すことができる。

1. 選手がしなければならないことを詳細に書き出す。与えられた役割をよりうまくこなすために選手が学ぶべき事柄を決め、表9・2で示したようにその内容を評価する。

2. 選手を評価する。選手の現在の身体的、技術的、心理的、そして感情的容量は与えられた仕事を全うするのにどの程度満足できるレベルにあるかを調べる。特に注意すべき弱点があればそれを明らかにする。

3. 適切な練習を考える。全ての選手に必要な基本的練習以外に、与えられた役割を果たすために特別に必要な練習は何かを明確にする。

4. 練習を成功につなげる。成功体験が持てる雰囲気を作り、トレーニングした甲斐があったと選手に思わせるため、簡単で成功しやすい課題を連続的に与える。

5. 愛情をもって注意する。選手には絶えず評価が必要である（コーチングとは失敗を少なくさせていくことである）が、その評価はポジティブで建設的な内容でなければならない。ミスをしたり注意されたりすることは学習過程に不可欠なものとして捉えるように選手にアドバイスする。

6. 一時的なスランプは上達への旅の途中に必ずあるものとして扱う。もし簡単にできることばかりなら誰でもサッカーがうまくなる。しかし、実際は難しいことの方が多いくらいなので、選手はスランプも覚悟しておかなければならない。コーチは自分の感情をコントロールし、学習のプロセスと失敗の軽減に集中すべきである。賢いコーチは失敗を今後の練習の参考にして、練習をより充実させる。

7. 一体感を選手と分かち合う。最初の段階から選手が帰属意識を感じていれば、最後までコミットメントしようという気持を持ちやすくなる。選手にも自分たちの考えを分かち合うよう促す。両者がよいニュースも悪いニュースも乗り越えていこうと思う気持を持つことが大切である。

8. "最高の練習"モデルを利用する。真似したいと思うモデルがあると選手はより簡単に、早く学べることがよくある。コーチが自分たちに要求していることをスター選手が行っているビデオを見た若い選手などは、すぐに納得するだろう。同様に、コーチが試合観戦に選手を連れて行くと、見本となる選手のプレイを集中して見ることができるので、両者ともそこから何かを学ぶことができる。例えば、モデルとする選手の運動量やボールを持たないときの動きなどを観察することもできる。

9. 進歩を誉める。コーチは選手が正しいことをしたり、上達の兆候が見られたらそれを見逃さず誉めなければならない。よい習慣を身につける唯一の方法は反復練習である。選手を飽きさせずに反復練習をさせるためには、コーチは練習の内容にバラエティをもたせなくてはならない。選手にはコーチやサポートグループからの励ましが常に必要で、家族や友だちからの皮肉や文句はできるだけ避けさせた方がよい。

10. 進歩を評価する。モチベーションを持ち続けるためには、選手自身が上達していると思わなくてはならない。したがって、コーチは選手にモチベーションを持たせるあらゆる方法を模索すべきである。それには以下の事柄を含めるとよい。

- 客観的統計—例えば、ゴールキーパーの〝無得点試合〟の数など
- 主観的報告—選手の意見、コーチの意見、そして独立した専門家の意見を編集したもの
- ビデオによる証拠—選手が自分で確認できる記録
- 外部の承認—よりレベルの高いチームへの移籍、ナショナルチームへの召集、メディアによる称賛など

Role Within Teams

チーム内での役割

サッカーのようなチームスポーツでは、自分1人の役割を理解してプレイするだけでなく、試合のどの時間帯で攻撃や守備をしていようと、11人全員の調和がとれた形でプレイしなければならない。例えば以前のオランダチームがとった〝トータルサッカー〟のような高度な戦術システムでは、選手はポジションの入れ替えを求められることもある。

優れたチームプレイヤーは、自分に与えられた役割を身につけるための4つのステップを踏まなければならない。

1. 自分に与えられた役割を理解し、実行することがチームへの最大の貢献になると認識する。
2. 近い位置で協力してプレイする選手とユニットを組む。このユニットはチーム内のチームと呼ばれることがある。
3. チーム全体の戦術形態と自分に与えられた役割がチームの成功にどう貢献するかを理解する。
4. 特定の試合に勝つためにコーチが必要だと考えた役割変更は積極的に受け入れる。

これらのステップを進めていくにつれて、選手が変わることに抵抗を感じているとコーチが気づくこともあるだろう。そんなときはさらなるスキルを駆使して、選手の意識を個人的目標からチームの目標に向けさせないといけない。私は時々ラディアード・キプリング作の『第2ジャングルブック』から引用して、イングランドのユースチームに次の言葉を贈ることがある。

さて、これがジャングルの掟だ
空と同じくらい昔から存在し、しかもゆるぎないものだ
掟を守る狼は栄える
掟を破る狼は死に絶える
木の幹を回る虫のように
その掟はゆっくり変わっていく
群れが強いのは狼だから
そして狼が強いのは群れだからだ

我々は、例えばこの詩のようなシンボルが、一体感やチームこそがヒーローだというコンセプトを高めることを発見した。選手の役割や責任を協調という名の元にチームに溶かし込むことは容易でない。〝兵士か芸術家か〟（252頁）というケーススタディーでは、選手には様々な個性があるということと、コーチが適切な役割さえ与えればその個性がいかにチームに貢献できるかということを示そうとした。兵士的芸術家、あるいは芸術的兵士は比較的簡単にチームのコンセプトに融合できる。しかし、純粋な兵士

や純粋な芸術家はコーチを悩ませることだろう。しかし、コーチと選手の関係が健全であれば、選手に合わせて役割を変えてやれば選手もそれを受け入れるようになり、チームの他のメンバーもそれを成功するための利点と考えることができるので一石二鳥となる。

COLUMN

●皆に責任を負わせる

イングランドの男子バスケットボールチームのコーチをしていたとき、18歳のジョエル・モールを日本で開催されるトーナメントに連れて行った。短期的な考えではなく、長期的視野に立って判断したのだ。ジョエルはすぐに優秀な選手になると思ったし、特に彼には1度も海外遠征の経験がないこともあって、できるだけ海外での試合を体験させておきたかったのである。

試合のほとんどを年上の選手がプレイしていたが、日本との切迫した試合の終盤にジョエルを出さざるを得ない状況がおとずれた。ところが残念なことに、ジョエルが最後に2つのファウルショットをミスしてイングランドが1点差で負けてしまった。選手たちがコートから引き揚げる姿を追いながら、ジョエルを傷つけずにこの負けをどう扱えばよいか、試合後の対処法を考えていた。

ロッカールームに入って行くと、選手たちは絶望したような顔をして黙って座っていた。もちろん、ジョエルが一番落ち込んでいた。私はぶっきらぼうな声でキャプテンのポール・シンプソンに、起立して試合中に犯した2つのミスを全員に報告するように言った。年上の選手から順に1人ずつ起立して2つのミスを発表させ、着席させた。ジョエルの順番が来た。彼は2つのファウルショットをミスしたことを認め、次の選手が呼ばれている間に着席した。私は最後に自分が犯した2つの指導ミスを明らかにし、ここにいるチーム全員が勝敗の責任を負っていることを強調してミーティングを終了した。

この件はそれで終わりにし、私は将来のある選手の自尊心と自信を打ち砕かずに済んだことを実感した。その夜、ホテルに帰って私はジョエルと話をした。今日は正直がっかりさせられたが、次はもっといいプレイをするように彼を励ました。その後ジョエルは80回以上もイングランド代表としてプレイしたのである。コーチには絶大な権力がある。しかし、選手を叱るときは細心の注意をはらってその権力を使わなくてはならない。

COLUMN

●兵士か芸術家か

イングランドで最も偉大なコーチの1人、デーブ・セックストンは、サッカーチームには兵士と芸術家がいると言ったことがある。セックストンコーチと仕事をする機会があったとき、私はこのことをさらに詳しく聞いてみた。すると、全ての選手は左のような連続体のどこかに位置するのだと教えてくれた。

兵士 ― 兵士-芸術家 ― 芸術家-兵士 ― 芸術家

●兵士は戦闘的な性格で、身体的にパワフルで、生まれつきのディフェンダーあるいは鋭いアタッカーである。
●兵士－芸術家は兵士に近いが、ビジョンとスキルを少し持っており、時々予想もつかないような巧妙さを見せることがある。
●芸術家－兵士はビジョンとスキル中心にプレイする選手であるが、ボールに対して激しく争う能力を発揮して周りを驚かせることがある。
●芸術家は高いスキルレベルを持ち、ピッチ上で才気ある、見識深い判断を下すことができ、常に何かしてやろうと狙っている。

セックストンは、選手各自が自分の自然のスタイルと、それを駆使してどう貢献できるかを知ることが大切だと感じていた。また、コーチはチーム形態の中で選手が才能を発揮できるポジションに配置することも大切だと信じていた。

純粋な兵士に適役を与えるのは容易だが、そのような選手が高いレベルで足跡を残すのは難しいだろう。純粋な芸術家は尊ばれるが、ハイレベルで競争の激しいサッカー界で効率的に力を発揮できる役割を見つけるのは難しい。

〝トータルサッカー〟や完成されたチームを目指すコーチは、兵士 - 芸術家と芸術家 - 兵士の組み合わせを喜ぶだろう。本物のスキルとセンスが必要な瞬間に対応でき、戦いに十分耐えられる体力も兼ね備えたチームには、このような選手たちにぴったりの役割がたくさんある。

今後の課題

The Challenge Ahead

コーチングのプロセスそのものや、選手というものを、チームの枠組みの中にはめ込むことは以前より難しくなってきた。社会の急激な変化は多様な選手のメンタリティーを生み出している—その典型的な1つは、チーム中心の考え方から自分中心の考え方になっているということである。ビル・ウォルシュ（1998）はこの変化を次のようにまとめている。

〝昔気質〟の考え方は、自制心、絶対的権力、忠誠心、責任感、そして自己犠牲がチームにとって望ましいこととしている。一方〝新しい流儀〟はより内観的である。言い換えれば、多くの事柄に対して「これは私の人生にどう影響するか」を重視した態度を取ることが多くなってきているのだ。

選手は前より「なぜ？」と聞くことが多くなった。自分のキャリアに関して以前よりも自分で決めようとする選手が多くなり、コーチは多岐にわたる問題に対処しなければならなくなっている。プロの試合ではチームへの忠誠心など存在しなくなるかもしれない。あらゆるレベルの選手たちが今ではクラブからクラブへと渡り歩いている。ライフスタイルに関連したトラブルが選手にダメージを与える危険が増加している。きちんと解決しておかなければならない。

それでも選手が自分の野心を満たすために努力することは変わらない。そして、自分を成功へ導いてくれ、個人的に時間を割いてくれ、自分をより成長させてくれ、チームでの存在感を高めてくれる専門知識を備えたコーチにはついてくるだろう。現代のコーチは権力で選手を支配するのではなく、求心力によって納得させせなくてはならない。

Summary まとめ

より優れた心理的、感情的状態に達するためには、選手は自分に与えられたポジションの役割を完全に理解しなければならない。選手は必要なスキルを明確にし、コーチは、選手がそれらを身につけるのを援助することができる。大切な役割の詳細を書き出し、それらを向上させるプログラムを考えるという作業を一緒に行うことで、選手とコーチはそれを容易に達成することができる。プロセスを共有することで習得が促進されるのである。ポジティブな習得環境を作るための10のステップを紹介した。

しかし選手は自分1人で役割を果たすことはできない。チームの枠組みにフィットする方法を学ばなければならないのである。ヒーローになるのは個人ではなくチームだ。現代の選手の興味はチームに忠誠を尽くすこととは食い違うことが多いので、個人をチームに組み込むことが難しいこともある。優秀なコーチは、チームがあってこそ選手は個人的成功に到達できると選手を納得させることで、この食い違いを相殺するのである。

役割を明確にすることが、個人の才能を引き出す

チームゲームであるサッカーというスポーツで、最も尊重されるべきキーワードは〝チームワーク〟であると思います。2002年FIFAワールドカップ・コリア・ジャパンにおいて、日本代表チームを率いたフィリップ・トルシエ監督が最も重要視したのは、選手がチームのコンセプトに合わせてプレーすることでした。このコンセプトに反するプレーをするならば、日本人選手の中では最も才能のある中田英寿のような選手でさえも試合に使わないと、彼は明言していました。「チームにおけるスターはチームである」。これはサッカー界では頻繁に使われる言葉ですが、指導者がチームの勝利のために献身的に努力する個人を求めるのは当然のことだと思います。

こうした〝チーム優先〟の発想の中で、個人の力をどのように生かしていくかを考えた場合、指導者が選手に適切かつ明確な役割を与えることができるか否か、これがチーム活性化の命綱であると思います。

私がドイツ人の指導者のもとでプレーしたときには、それまでの選手経歴の中でやったこともないような練習をさせられたことはありませんでした。毎日の練習は、非常に基本的なこと、日本人の指導者ならばほとんどが知っているような練習ばかりでした。そのドイツ人指導者は、天皇杯とリーグ戦の両方のタイトルを勝ち取りましたが、なぜタイトルが取れたかを振り返ってみると、彼は選手に非常に明確な役割を与えたからではないかという気がしています。

試合前には、「加藤、今日の君の仕事は、攻撃ではこれで、守備ではこれだ」と実に単純なことを言ってきました。試合前に、役割を3つ、4つと言われても、選手はプレーに表現できっこありませんが、1つか2つ、これとこれだという言い方をされると、「よし、こうすればいいんだ」という気持になります。それが彼の指導のうまさだったのではないかと思います。

本文中に「選手の役割を明確にするには役割の詳細を書き出すこと」とありますが、これは選手の自分自身に対するイメージと指導者の見方とのギャップを埋めるためには非常によい方法ではないでしょうか。選手に適切な役割を与えるためには、こうしたコミュニケーションの取り方を参考にしてはどうでしょう。

第10章 集団凝集性

Cohesion—Building a Unified Team

●●●●●●●●●●●

1つにまとまった
チームを作る

ピークパフォーマーとは優れた〝チーム〟プレイヤーのことだ。必要なときにチームメイトを励まし、勇気づけ、サポートすることに心を砕く。多くの〝模範〟選手たちの中でも常に尊敬に値する言動をとるが、それはチームを有効に機能させるために必要なことだと考えているからだ。

……………………マイケル・ジョーダン

本書はここまでで、身体的能力と技術的スキルという土台に心理的、感情的スキルを加えた、完成されたサッカー選手像というものを築き上げてきた。最終段階は、マイケル・ジョーダンが示唆するように、選手にチームプレイヤーになってもらうことである。

この段階の選手は体と心の全てを同調させるだけでなく、チームメイトやコーチとも調子を合わせられなければならないのである。それができるチームだけが勝てるのだ。選手は、協力的で優れたチーム作りという苦しくて時間のかかるプロセスの中で、自分ができる役目を果たす力と意思を持つべきである。

新しいサッカークラブに初めて来て、バックグラウンド、能力、興味が全く異なる人々と向き合ったときのことを選手なら誰でも覚えているだろう。そして、そんな異質の選手たちが後に共通の目的を持ったグループとして結集したことも思い出すだろう。運がよければ、グループが目標を分かち合い、相互依存性を高めていく過程を体験することができる。

運がよければと言ったのは、チームビルディングは容易なことではないというパット・ライレイ（1993）の次のような意見に賛成だからである。

チームワークを築くことは単純なことではない。実際、イライラさせられるし、それは捉えどころがない産物である。だから世の中には中途半端な位置で身動きが取れなくなったり、転げ落ちていったりするひどいチームが溢れている。誰かが呪文を唱えたところでチームワークが魔法のように出現するわけではない。才能や野心があっても育つわけではない。チームが試合に勝ったただけで生い茂ることもない。

チームビルディングやチームワークは、経験豊富なコーチの緻密な計画と、そのプロセスに携わり、惹きつけられた選手たちの自発的コミットメントによって初めて可能になる。チームが成功するためにはコーチと選手両者の努力が不可欠である。優れたチームの特徴として、リーダーシップの性質と選手の能力やコミットメントが挙げられる。

B. W. タックマン（1965）がチームビルディングの4つのステップについて古典的な分析を行っている。

1. **フォーミング―個人が集められ、共通の目的にコミットするように伝えられる。**
2. **ストーミング―コーチがチームを作り上げていく中で、選抜、特定の役割、地位などをめぐっ**

て選手同士が争うためにチーム内に緊張と諍いが発生する。

3. ノルミング―諍いが終息し始め、選手たちは自分に与えられた役割を受け入れ、チームのアイデンティティーにコミットする。

4. パフォーミング―ついにチームは目標達成に向かって歩み出す。目的のために一丸となり、共に努力し、団結することで、問題や一時的な調子の低下を乗り越える力を得る。

各段階とも、選手たちに興味を持たせ、コミットさせながら効果的なパフォーマンスに到達させるという最後の難局に至る間になくてはならない。チームとしての最終段階は、月日が経ち、パフォーマンスが低下し始めた頃おとずれる。その時が来たらコーチはチームの再編成を考えるべきである。

チームの安定性―心理的、感情的問題

Team Stability―Mental and Emotional Issues

世界で最も競争が激しいプロのサッカーリーグ所属チームと4シーズンを過ごしてきた私は、チームビルディングの全段階とそのプロセスを台無しにしかねない状況や事件を目撃してきた。私の仕事で最も大切なことは、ポジティブなサポートをしながら調和のとれたパフォーマンスが発揮できる心理的、感情的安定性を選手に身につけさせることであった。毎週のようにサッカーに関係した事件―例えば予期せぬ敗戦、大きなけが、選手の退団、メンバー選択への不満、選手同士の諍い―が発生し、それがチー

ムの安定性とチームの方針へのコミットメントを低下させていた。

ダニエル・ゴールマン（1995）はこのことを次のように述べている。

チームの生産性を最高に上げるために最も重要な要素は、内部を調和のとれた状態にするメンバーの力量である――調和がとれれば、メンバーの才能をフルに活かすことができる。

調和を乱す要素としてゴールマンは、チームの重荷になっている選手、支配者になっている選手、ギブアンドテイクの考え方ができない選手、そして気づかないうちに浸透する恐怖、怒り、ライバル心、憤りといった感情の影響を挙げている。一般的に、凝集性のないチームの選手は、他の人の成果を気にする傾向がある。

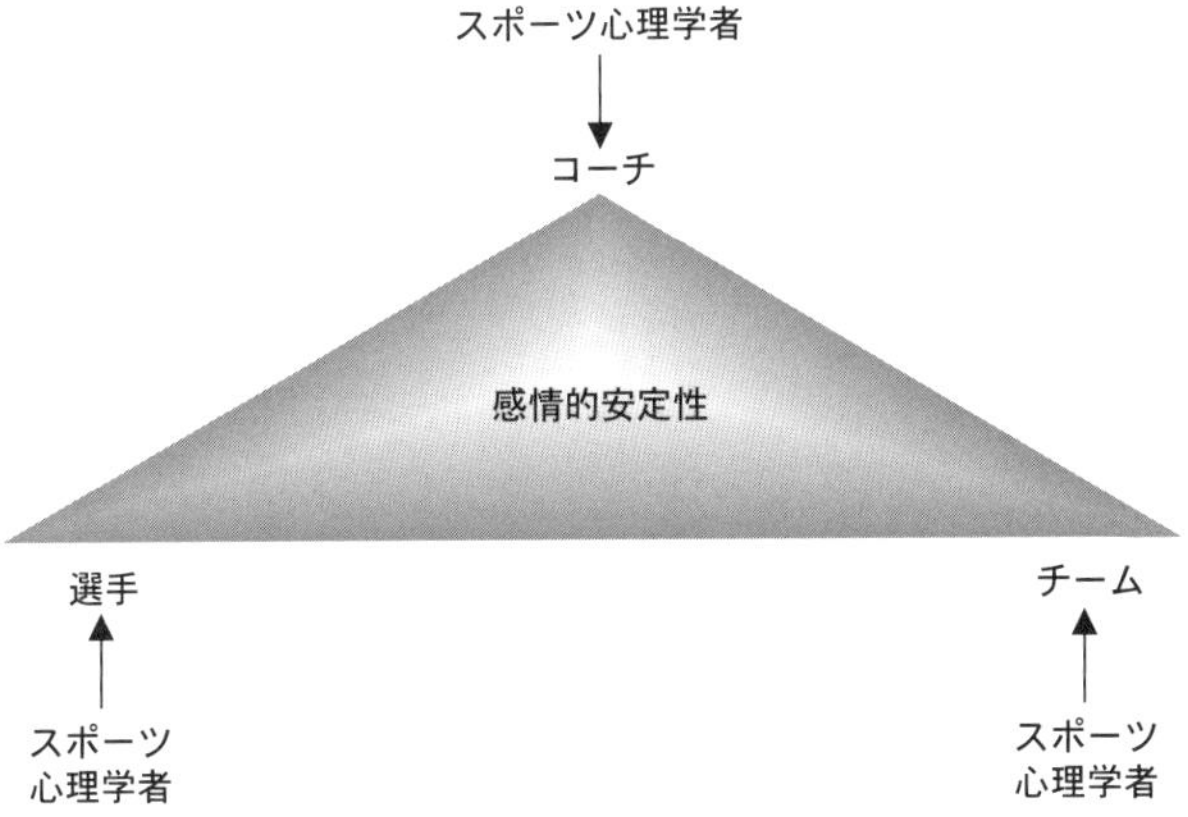

図10.1 チームの感情的安定性を作り出すスポーツ心理学者の役割

したがって、優れたチームの一員になるには、身体的な変革よりも、むしろ感情的な向上がかなり求められる。これからのサッカー選手には、選手同士が機能的にプレイするために必要な基本的感情のコントロールスキルが必要になるだろう。最も厳しいリーグやトーナメントで勝ち残るには、チームは各メンバーの感情的知性を結集させて高い安定性を確保しなくてはならない。

国際試合に備えてイングランドチームに指導したことの多くは、不慣れでやりにくい環境でも練習で習得した身体的スキルを十分に発揮させる感情的知性を身につけさせることを目的としていた。しかし、限られた準備期間でのこの作業は難しかった。**図10・1**は友だちのようになることで全選手をサポートし、三角形の人間関係を結びつける私の役割を示している。私は全員の考えを知っているので、安定が崩れそうになったときはその危険を取り除くための変更を提案するなど、先回りすることもできた。これは、ブリティッシュライオンズという優秀なラグビーチームのコーチ、イアン・マックギーチャンの信念と同じである。彼は南アフリカ遠征のとき、自分が心理的に正しい状態になれれば、その他のことはおのずとうまくいくと感じたそうである。

チームの凝集性を高める

Building Team Cohesion

長いシーズンを通して、あるいは厳しいトーナメントの最後までチームの心理的安定性を良好な状態に保っておくことができるのは、チームの結合力の賜物である。それをキャロン（1988）は「目的や目標に向かって一丸となり、一致団結しようとするグループの傾向として現れる動的過程」と説明している。このようなチームの結合力は、課題凝集性と社会的凝集性という2つの主要な基礎の上に築き上げられる。

◆課題凝集性

課題凝集性の高いチームでは、コーチも選手もチームのプレイ方針に納得し、理解している。各選手は自分に与えられた役割に満足している。課題凝集性が不足すると、チームの構造と協調性、コミュニケーションと情報交換、モチベーション、そして集中力などに問題が生じる。

◆社会的凝集性

社会的凝集性の高いチームでは、選手同士が良好な関係を持ち、コミュニケーションがとれている。問題を解決する力があり、チームのアイデンティティーと目的のもとで団結できる。社会的凝集性が足りないと協力してプレイができない選手がいたり、相手のことを考えたプレイができなかったり、団結しないなどの問題が発生する。

激しい競争のもとで優れたパフォーマンスを発揮するということは、慎重な計画と忍耐力が要求される、複雑で壊れやすいプロセスであるため、団結力を築くことは並大抵のことではない。凝集性のないチームが才能のおかげで勝つこともあるが、それはまぐれに近い。逆に、才能はそれほどでもないチームがチームの目的と協調性を最大限に活かして勝つことはよくある。

優れたパフォーマンスを発揮するためには、チームは多くのことを矛盾のないまとまった形で正しく実行しなければならない。そのためにコーチが望みを託せる唯一の手段は、課題凝集性と社会的凝集性を高めるのに有効な戦術を探求することである。同様に、選手は自分の資質を検討し、自分を充実させ、そのようなプロセスの一員として必ず貢献できるようにしなければならない。

COLUMN

●遠征での凝集性の高め方

1999年の〝スポーツ心理学とサッカー〟というワークショップに私は4人の若手コーチを招き、スポーツ心理学の現場への応用について紹介してもらうことにした。マンチェスター・ユナイテッドのユースのコーチングコーディネーター、ポール・マッギネスはアンダー12のチームをダラスで開催された大切なトーナメントに連れて行ったときにどう凝集性を高めたかを説明してくれた。彼は、コーチと選手が一緒になって一体感、規律、そしてスピリットの準備をするための5段階のプロセスを実行したという。

1. ブリティッシュライオンというラグビーチームが素晴らしい成績を残した南アフリカ遠征のビデオをチーム全員で見た。
2. 遠征の目標を全員で決めた。
3. その目標を達成するための行動を了承した。
4. チームでリーダーシップの資質について話し合い、いつ、どこでそれが必要になるのか考えた。
5. 結束のシンボルを「鎖」にすることを全会一致で決めた。

「鎖！」と叫ぶことがチームビルディングの戦術だったとポールは説明した。いつでもこれが叫ばれたらピッチの近くにいる者同士でグループになり、鎖を作るように互いにしっかり手をつなぐことになっていた。いつでも、どこでも、どのスタッフでも、どの選手でも叫ぶことができた。彼は以下の事柄を表すために〝鎖（Chain）〟という言葉を選んだという。

C　チーム内のギャップを縮める（Close）―一緒になって努力する。
H　負けにくい（Hard）―個人的にもチームとしても。
A　自分のエリアのボールにアタック（Attack）し、チームとしてもアタックする。
I　常に適切なポジションにいる（In）―ボールが移動したらそれに合わせる。
N　決して（Never）諦めない、特にディフェンスにおいて。

これができればグループはチーム（TEAM）になる―Together（一緒に）Everybody（皆で）

Achieves（達成する）More（もっと上に）。結局このチームはトーナメントで優勝した。ポールはこの「鎖」戦術がいくつかの点でチームの凝集性アップに役立ったと感じているという。

- チームはずっとよいテンションを保っていた——練習中、ホテルで、空港で。
- 選手たちは心理的にも身体的にもグループから離れて迷うことがなかった。
- チームスピリットが向上した。
- その叫びが活気ある環境を作り出した——鎖の最後尾の人（スタッフでも選手でも）は腕立て伏せをしなければならなかった。
- 他のチームと違うことをすることで独特のアイデンティティーを形成できた。
- このコンセプトによって皆を素早く一体化できた。
- 体に触れることで安心感と力を得ることができた。
- 試合前後に鎖のようにつながることでチームスピリットを高めることができた。

コーチや選手は、**表10・1**、**10・2**、**10・3**、そして**10・4**を利用して、チームの団結力を高めるプロセスで自分が責任を果たせているかどうかをチェックしてみるとよい。これらの表はフォーミング、ストーミング、ノルミング、パフォーミングというチームビルディングの組み立てに従ってまとめた。

表10.1 チームの形成（1）

ステージ1　フォーミング：定着期間

課題凝集性	社会的凝集性
・初期の選手のリクルートがうまくいけば進展は加速する。	・経験豊富な選手、あるいは厳しいチームの目標に貢献してくれそうな選手をリクルートする。
・主要な仕事に関するスキル、個人やチーム間のやりとりに関するスキル、問題解決能力などを基準にスタッフを選ぶ。	・初期に最も問題となるコミュニケーションの形式が、コーチがリードするフォーマルなものから選手がリードするインフォーマルなものへシフトする。
・計画の内容しだいである。	・最初のミーティング、第1印象、そしてコーチのスキルが課題を受け入れるかどうかに重要な影響を及ぼす。
・ビジョンと任務を明確に定義することが重要である： - 我々の目標はこうである。 - そのためには君たちの力が必要だ。 - 一緒にやればできる。 - 難しいが楽しいはずである。	・選手たちが互いの能力をランク付けするので、この段階では競争的緊張感が漂う。
・コミュニケーションのプロセスを開始し、ビジョンを達成させるという共通意識を持たせる。	・この段階で選手はチームの方針に納得しているかもしれないが、まだチームの目標より個人的な目標（「それは私にとって何の役に立つのか？」）の方に比重を置いている。
・コーチはこの段階であまり情報をインプットし過ぎない。この時期は打ち解けた人間関係を築く段階である。	・行動に制限を設けるためにチームの規則を設定する。

表10.2　チームの形成（2）

ステージ2　ストーミング：選手はチーム内に自分の立場、役割、位置を見つける

課題凝集性	社会的凝集性
・スタッフは規範人物であり、この難しい時期には毅然としていなくてはならない。	・選手が自分に割り当てられた役割やチーム内での位置を知るので、感情的になる時期である。
・チームの計画は、具体的な目標と様々な役割や責任を各選手に割り当てることで形成されていく。	・チーム内での順位争いが起こるにつれ、以下の危険が発生する。 - リーダーシップの空白から権力争いが起こる - 派閥とライバル関係の形成 - コーチへの反抗的態度 - 不満を抱いている者とのコミュニケーション不足
・コーチは必ず全ての選手に役割を与え、計画に従って選手がその責任を果たすよう促す。	
・コーチは感情的反応や緊張をうまく処理し、通常ミーティング、関連ミーティング、個別カウンセリングを通してコミュニケーションレベルを高くしておかなければならない。	・何人かの選手は与えられた役割を受け入れ、納得し、個人的目標からチームの目標に移行し始める。“私”から“私たち”へ。
・コーチはコントロール可能な事柄に集中し、妨害要素や動揺を最小限に抑えるためにチーム環境を適切に整えておかなければならない。	・スター選手が特別扱いを求めることもある。 ・選手たちはインフォーマルなコミュニケーションネットワークを形成する。
・コーチは全員が納得する状況を作り出すため、各選手の役割を見直して、できる限り修正しなければならない。	・コーチは部屋割りに気を配らなくてはならない。
・反抗者をうまく扱えなければ、コーチはその選手を“失う”しかない。	・選手の性格が現れ出し、誰がメンテナンス必要群で、誰がメンテナンス不要群かコーチにはわかり始める。
・チームのイメージが形成され始める ー名前、服装など。	・より自分を知り、他の選手を理解するためにこの時期の選手にはコーチやカウンセラーの援助が必要である。

表10.3 チームの形成（3）

ステージ3　ノルミング：選手は責任を果たそうとし始め、自分に与えられた役割を実行し、チームが形成される

課題凝集性	社会的凝集性
・任務の内容や基本的方針－“チームとしてのやり方”－が承認される。	・選手はコーチの哲学や戦術及び自分に与えられた役割をしっかり理解する。
・大切な毎日の練習がチームのプレイスタイルを決めていき、以下のことができ始める。 - 戦術や役割の明確化 - ルーティンのしっかりした理解 - 選手個々に与えられた役割の明確化 - 強いチームワーク意識 - 練習方法の受け入れ - 役割の統合によるチームバランスの向上	・練習による物理的接近によって社会的構造が形成される。 - キャプテンが選ばれる - チームリーダーの出現 - 能力の序列が明らかになる - 友情による結束が発生する - 選手同士互いに助け合う ・相手チームに勝つという，より高い共通目標のもと、結束感が生まれる。
・コーチは矛盾のない強化とハイレベルのフィードバックを与えなくてはならない。	・この段階までくると、選手は自分の欲求とチームメイトの欲求のバランスをとるという方針に自ら従おうとする。
・目標と可能性の間に矛盾がある場合、コーチは論理的にそれらをマッチさせなければならない。弱点を隠してはいけない。	・選手はチームメイトの様々な役割に対して感謝と尊重の気持を表すようになる。
・紛争地帯（チームの問題箇所）には早め、早めに対処し、選手に問題を解決させなければならない。	・自信が高まり、選手はネガティブな事柄をポジティブに変えることを学ぶ。 ・選手はチームに貢献するためのより大きな責任を受け入れる。
・コーチは怒鳴らずに話をすることで選手を納得させ、コミュニケーションを活発に保ち、選手と意見交換をしなければならない。	・この段階でチームに溶け込めていない選手には特別な配慮が必要である。
・コーチは妨害要素や選手を動揺させる事柄を最小限にし、プロらしい環境を整えなければならない。	・選手に十分なサポートができるよう、家族や友だちのケアもする。

表10.4　チームの形成（4）

ステージ4　パフォーミング：チームは試合における目標を達成するために協力する

課題凝集性	社会的凝集性
・この段階でのチームの組織と構造はしっかりしている。 ・コーチも選手も完全にコミットしている。 ・コーチは強いリーダーシップを発揮する。 ・コーチは選手の前でビジョンを示し続ける。 ・コーチは各選手の努力を認めながらも、成功した場合はチーム全体を誉める。 ・継続的選抜は安定性につながる。 ・友好的競争意識による緊張感も存在する。 ・コーチは各選手のモチベーションの上げ方を把握している。 ・コーチは選手たち、特に年長の選手たちの話に耳を傾ける。そうすることでチームの雰囲気の変化や問題の発生に早めに気づくことができる。 ・チームには不調を乗り切り、そこから学び、吹っ切って先に進む雰囲気がある。 ・コーチは常に先を読み、問題には早め、早めに対処する。 ・コーチはオーバートレーニングをさせることを避け、ムードを盛り上げるには楽しいことが大切だということを忘れない。 ・チームの気風を守るため、新しくリクルートした選手を慎重に観察する。 ・全員が学び続ける。	・チームの特色が出始め、選手はチームの発展にコミットしている。 ・各選手は以下の役割と責任を受け入れる。 - まずチーム優先 - 必要なら犠牲になる - チームメイトを助けられる準備をしておく - チームの人々と交流を持つ - チームの規則に従う - 妥当な批判は受け入れる ・内的モチベーションは高く、選手はこのチームの一員でいられることを嬉しく思っている。 ・信頼と誠実さは高い。 ・選手は選抜されなかったり、けがをするなどして気分が落ち込んでもうまく対処できる。 ・一連のプロセスによって心理的にタフになった選手は、予期せぬ試合でジレンマにもうまく対応する。 ・試合の勝ち負けによって凝集性が乱されることはない。 ・選手は自分たちの行動に完全に責任を持ち、失敗を重く受け止める。 ・結束の輪に入っていない選手も何人かいる－例えば外国人選手、新人、けがをしている選手など。チームやコーチはこの問題を解決しなくてはならない。

しかし、各段階における課題凝集性と社会的凝集性の大切な側面をできる限り明らかにした。当然どこかのステージにいるチームを受け継ぐコーチたちも多いだろう。現在のチームの団結レベルを評価したり、さらに向上させるにはどのステップから始めればよいかを判断するのにこれらの表を用いるとよい。

The Challenge for the Player

選手の課題

マイケル・ジョーダンがシカゴ・ブルズというバスケットボールチームに入団したとき、コーチ、フィル・ジャクソンは彼の比類なき才能にすぐ気づいた。しかし、彼がチームの他のメンバーに与える影響も察知していた。マイケルは突出したプレイヤーで、常にボールを自分に回すように要求するので、それが他の選手のモチベーションや立場を下げてしまったのである。チームは凝集性の低下と同時に試合に負け出した。

ジャクソンコーチの助言者で、ベテランコーチのテックス・ウィンターの「ジョーダンはいい選手だが、偉大な選手ではない」という批評によってこの問題は解決された。マイケルがその理由を尋ねたところ、ウィンターコーチは、チームスポーツでは自分の周りの選手をうまく使いこなせるようになって初めていい選手から偉大な選手になると説明した。この言葉に納得したマイケルは、その後試合でチームメイトをもっと使うようになった。選手たちはマイケルのリーダーシップに団結して従うようになり、こうしてチャンピオンチームが誕生したのである。

つまりチームスポーツの選手は、チームの目標をかなえるために、認証、称賛、報酬といった個人的な欲望の一部を諦めなければならないのである。そうすれば犠牲にしたもの以上の成功を手にすることができるかもしれない。優秀なコーチは、選手をチームの方針にコミットさせるために、各選手の目標を把握し、それを大切に扱うのである。

〝私〟にばかり夢中になることから〝私たち〟を考えるようにしたことで、選手のプレイが目覚ましい向上を遂げたという例は多い。ダービー所属のオランダ人選手、ロビー・ヴァン・デル・ラーンは技術的にはそれほどでもなかったが、そのリーダーシップ、コミュニケーション能力、そして他の選手に与えるポジティブな影響力でピッチ上では突出したプレイヤーとなった。

多大な尊敬を集めるコーチであり、チームビルダーのライナス・マイケルス（1996）は、チームの運命を最終的に決めるのは選手の資質と成長度だということを強調しながら、コーチがいくつかの要素を設定し、それらに取り組むように選手を励ましながら組み立てていくプロセスがチームビルディングであると説明している。凝集性の高いチームには、経験を積むことで成長し、存在そのものがチームの特徴と安定性を作り出すベテランの中心的選手が存在するのはこういう理由からだと私は思う。アメリカンフットボールのコーチ、チャック・ノル（ウォルシュ1998）もこのことを次のような言葉で確証している。

どんなチームにも全体の雰囲気を決める中心的グループが存在する。雰囲気がポジティブなら戦いには半分勝ったようなものだ。ネガティブなら、フィールドに立つ前から負けている。〝私〟から〝私たち〟という考えに移れない選手は、パット・ライレイ（1993）が言うところの〝私病〟に罹っているかもしれない。この病気がチームに蔓延すると、いくつかの症状が発症する。

- ●チームのコミットメントが崩壊する。
- ●チームがサボるようになる（感情的バランスが崩れる）。
- ●チームが分裂する。
- ●何とか通用する程度のことしかしなくなる。
- ●20％程度しか貢献していない選手が80％の報酬を期待する。

選手はこのようなネガティブな影響について認識し、避ける方法を学ぶべきである。個人的な目標とチームに必要な事柄のバランスを適度にとるように選手は努力しなくてはならない。**表10・1**、**10・2**、**10・3**と**10・4**にこの〝私病〟を避けるために選手ができることを挙げた。

コーチの課題

The Challenge for the Coach

チームの凝集性に対してコーチは媒介的役割を果たす。それは、全てのコミュニケーションの中心であり、色々なことを変えていく力と権限を持っているからである。シーズン中のプレッシャーが続くときにこのような凝集性を保つためには、コーチは選手や選手たちによるチームへの貢献に対して首尾一貫したアプローチを取り続けなくてはならない。N.マックリーン（モーリスとサマーズ　1995）は、チームの凝集性を高めるという作業は、明確な方針に基づいた日々の戦術であると述べている。

チームビルディングをするためにありとあらゆる手段を講じても強いグループ精神を築くことはできないだろう。逆に成功したチームは、個人の成長、チームメンバーの参加と貢献、チーム内での個人の責任といったシンプルな方針を軸にまとまっていることが多い。

コーチはリーダーとしての資質を備え、選手から尊敬され、チームをワクワクさせるようなビジョンを持ち、選手が自ら自分を犠牲にして他人のためにプレイしたくなるような環境を作り出すことができ、人を感化できる模範的人物でなくてはならない。ジャック・ローウェルがイングランドのラグビーチームのコーチに就任したとき、自分のリーダーシップスタイルを次のように説明した。

リーダーシップに欠かせないのはモチベーションを高める能力である――あこがれの目的地と、どうすればそこに行けるかを示してやらなければならない。したがって、自分のポジションを固める初期段階で、難しいけれど短期間で達成できるような目標を設定しなければならない。そうすれば早く選手たちを勝てそうな気にさせることができる。

もちろん個人的な目標は選手にとって大切で、選手が求める報酬、主体性、愛情、そして配慮を与え

表10.5 チームの凝集性を高めるためのガイドライン

・チームの信条を設ける－結束を高める内容。
・選手に夢を語り、一体感を分かち合う。
・選手とコーチの間に誠実で互いに信頼される関係を築く。
・全ての問題に冷静に対処し、感情のバランスを保つ。
・チームのためにプレイすることに誇りを持たせる－イメージとアイデンティティーの創造
・ポジティブな出来事は最大限に利用する。
・ネガティブな出来事の影響は最小限に抑える。
・コミュニケーションを促進させて不安を軽減する。
・選手を信じてセレクションし続けることで中核となる選手をつくる。
・選手全員に最善を尽くさせる。
・チームの中から自然にリーダーシップが生まれることを期待する。
・試合に備えた厳しい練習を通じて一体感を築く。
・問題には早め、早めに対処する。
・チームの雰囲気を高めるために結束を強める課題を利用する。
・全ての経験から何かを学ぶ－勝利も敗北も取り入れる。
・常に選手に成功イメージを与える。
・練習、休養、回復のバランスをとる。
・このポジティブなアプローチはスタッフ全員で実行する。
・環境をコントロールし、プラスになることだけを取り入れる。

てやろうと努力するコーチは賢いと言える。これだけのことができれば、選手をチームの方針にコミットさせるのに障害はないであろう。しかしスター選手を扱う場合、相当に難しくなる。強い指導力とチームメイトからの圧力だけが、個性的選手―ある意味で望ましいこと―が〝私病〟に感染し、チームを崩壊させるのを防ぐことができる。

表10・5にチームの凝集性を高めるのに役立つコーチのためのガイドラインを挙げた。

Summary まとめ

選手が1つの目的に向かって一丸となり、協力して努力するようになったとき、グループがチームとなる。サッカーという厳しい環境下では簡単なことは何ひとつないが、このような発展が遂げられるかどうかは選手やコーチの心理的、感情的安定性にかかっている。

選手やコーチは、課題凝集性、つまり、自分に与えられた役割を知り、きちんとこなすことと、社会的凝集性、つまり、チーム内の人間関係の輪に入り、貢献することの両方をこなさなければならない。1つにまとまった凝集性の高いチームを作るためにコーチや選手が実行すべきアクションとして、フォーミング、ストーミング、ノルミング、パフォーミングの4段階からなるチームビルディング方法を紹介した。

「三人寄れば文殊の知恵」という日本の諺がこの章の内容をうまく表している。

加藤 久のメンタルTips

チームワークとは、ファンクションとエモーションの合作である

1つにまとまったチームを作るというのは、大変な作業です。Cohesion＝凝集性を高めるという言葉が本文にありますが、チームが一丸となって戦うための雰囲気を作ること、そしてチームとしての戦い方を明確にすることが凝集性を高めることにつながります。

チームの結合力が、課題凝集性と社会的凝集性という2つの主要な基礎の上に築き上げられていると述べられていますが、私はこの2つの基礎をファンクションとエモーションという言葉に置き換えることができると思います。つまり、チーム戦術をベースにして、選手1人ひとりに対して役割をはっきりさせること、Function＝機能を明確にすることが、チームワークの1つの要素です。もう1つの要素は、チームに感情的なまとまりを作ること、Emotion＝感情を安定させ、チームメイト同士がお互いに相手を尊重できるような心理的な構えを植え付けることです。

日本人に「チームワークとは何でしょうか?」という質問を投げかけたら、おそらく「和、友情、思いやり、助け合い」といった言葉が返ってくるでしょう。日本のスポーツの土壌では、チームを強くするには「同じ釜の飯を食う」ことが大事にされてきました。感情的な一体感がチームの成果に大きく影響するという発想です。このエモーショナルな要素は、もちろんどのチームにおいても重要視されるべき要素です。

私が指導を受けたブラジル人の指導者は、「チームはファミリーだ。お互いに助け合わなければならない」。そう言って、チームの感情的なまとまりの大切さを強調しました。

その指導者は、またこのように言いました。「チームはオーケストラだ。それぞれの選手にはそれぞれの役割がある。太鼓を叩く人、バイオリンを弾く人、それぞれが自分の役割をしっかりと果たすことが大切だ。太鼓を叩くべき人がバイオリンを弾こうとしてはいけない。」

このブラジル人指導者は、「チームはファミリーだ」と言ってエモーションを強調し、また、「チームはオーケストラだ」と言ってファンクションの重要性を指摘していたのです。この2つのキーワードのバランスを取ること、これが指導者に任された仕事です。

第11章

コーチング

Coaching—Changing the Culture

●●●●●●●●●●●●

雰囲気を
変える

© STUDIO AUPA

私がしようとしているのは、成功する可能性のある環境を作り出すことである。フットボールとは絶え間ない教育だ。私は命令するのではなく、アイデアを提示し、我がチームの素晴らしい選手たちから力を引き出そうとしているだけである。いいコーチは常に調整しなくてはならない。

……………アメリカンフットボールコーチ　ジョージ・セイファート

リザーブチームの指導はどんな場合でも難しい仕事である。だから、若くて前向きなコーチ、スティーブ・ラウンドがダービー・カウンティーのリザーブチームを任されたとき、チームの変化を観察するのはとても興味深かった。

リザーブでプレイすることへの概念を変えるためにデザインされたステップを選手と一緒に考えることで、スティーブは1カ月も経たないうちにチームの雰囲気を変えてしまった。

●〝1軍をサポートし、1軍に挑戦するために実力の向上に集中する〟というチームとしての任務を選手たちは承認した。

●次に示すようなチームのシーズン目標を設定した。

- 信頼を獲得し、年上の選手やスタッフに敬意を示す
- 学習し、向上し続けるチームにする
- 意欲を高めたり、上達するために互いに競争したりすることで心理的にタフなチームにする

●次のような成功への障害を検討した。

- 悪い態度とコミュニケーション不足
- 自分やチームを信じる気持の不足
- 調子の悪い時期をうまく乗り切れないこと

そしてチームは運命共同体となった。コミュニケーションが以前とは比較にならないほど向上したことと、ラウンドコーチへの明確なコミットメントによって、突然皆がメンバーの一員でいることが楽しく感じるようになったのである。チーム内の相性も格段によくなった。リザーブにいることは—今ではセカンドチームと選手たちは呼んでいる—1軍に上がれることとほど嬉しくはないかもしれない。それでも素晴らしいサッカー経験ができることは間違いないのだ。

ラウンドコーチは、体力や技術の練習—つまりサッカーにおける善し悪し—を超越して指導し、人間として選手を指導し始めたのである。選手の心理的、感情的欲求をよく調べ、その要求を満たすようなコーチング戦略を見つけ出すことで、リザーブチームをネガティブに捉える考え方から、選手の自己アイデンティティーと自尊心を強化する学習環境というポジティブな捉え方に変えたのだ。

本書は、変わりつつある現代の試合において優れたパフォーマンスに今後必要なのは、選手の心理的、感情的、そしてライフスタイルのスキルであることを強調してきた。体と同じように心を指導することがコーチには求められるようになる。ポジティブな心構えを理解し、それを評価できるコーチが必要となってくるのだ。

現代のコーチングが全てネガティブで、将来のコーチングが全てポジティブだと言っているわけではない。しかし、特にイギリスでは、これまでの伝統や文化が支配、権力、恐れなどを基本としたコーチング哲学を作り出してきたことは事実である。もちろんコーチは強くなくてはならず、怒らなければならないときもあるだろう。けれども、アリストテレスの賢明な言葉がある。

誰でも怒ることはある――
怒るのは簡単だ。
しかし、怒るべき相手に、
正しいレベルで、
正しい時に、
正しい目的で、
正しい方法で、
――これはなかなか難しい。

そのため、コーチは次のスキルを備えておかなくてはならない。

- ●展開の早い、洗練された試合に対応したスキル。
- ●怒鳴られるのではなく、納得させてもらうことを求める現代の選手の要求を満たすためのスキル。
- ●選手の心理的、感情的状態を測定し、適切な状態にするスキル。
- ●ネガティブではなくポジティブでいるためのスキル。
- ●チーム及び選手個人との継続的コミュニケーションを優先させるスキル。

現代のコーチ

The Modern Coach

当然変化の中心には常にコーチがいる。ギール（1998）の言葉を借りれば、〝試合を機械論理的に考え、選手を機械の一部とみなし、選手を規律正しくシステム通りの方法で単純に指導する〟伝統的専門技術コーチから、現代の全体論的コーチへの明らかな移行がすでに起こっている。全体論的コーチは次のことを行う。

伝統的専門技術コーチが行うことに加えて、選手の心もケアし、コミットメント、知性、コントロールを兼ね備えたチームを作り上げる。チームが心理的弱点を露呈したらフォーバックの弱

点と同じくらい大事に扱う。

表11・1では、試合に勝ちたいという選手の気持を妥協させずに、どのようにしたらチームの雰囲気を変えることができるかを列挙した。必要なのは、現代の選手を現代の試合にうまく組み込み、より大きな成功を収めるために共通したエネルギーとモチベーションを作り出すコーチングである。そのようなコーチングを行うには、**表11・1**に示した、賢く、民主的で、選手を中心に考え、計画を綿密に立て、パフォーマンス向上を第1に進めていく現代のコーチを参考にしてもらいたい。もう1つ大事なのは、コーチ自身も助言者からアドバイスをもらうことで孤独にならないことである。スティーブ・マクラーレンコーチやスティーブ・ラウンドコーチが私に相談してくれたように、若いコーチたちを援助することにやぶさ

表11.1　伝統的コーチングから現代的コーチングへの移行

伝統的	現代的
勝つことに集中	勝つことに集中（同じ）
課題中心	選手中心
結果重視	内容重視
直感的	綿密な計画
選手に依存する	選手はコーチに影響される
孤立	助言
“私”	“私たち”
権威的	民主的
怒鳴る	納得させる
話す	聞いてから話す
訓練者	指導者
元選手	資格のあるコーチ
厳しく実行	賢く実行

かでない人々はたくさんいるし、むしろ助けたいとさえ思っているのである。どんなコーチにも相談できる相手は必要だ。

自分は現代の全体論的コーチだと思うなら、**図11・1**に照らし合わせて自分のコーチングとリーダーシップスタイルをチェックしてみるとよい。コーチAとコーチBは、それぞれ専門技術的指導者と全体論的指導者を表している。しかし、私が常々強調しているのは、コーチングスタイルは次の観点を考慮して決めるべきだということである

- **選手の性別、年齢、能力、および経験**
- **チームが所属するリーグ**
- **コーチと選手の両者が合意した目標のレベル**
- **あなたの性格と好み**

この図から判断して、幼い選手を指導するコー

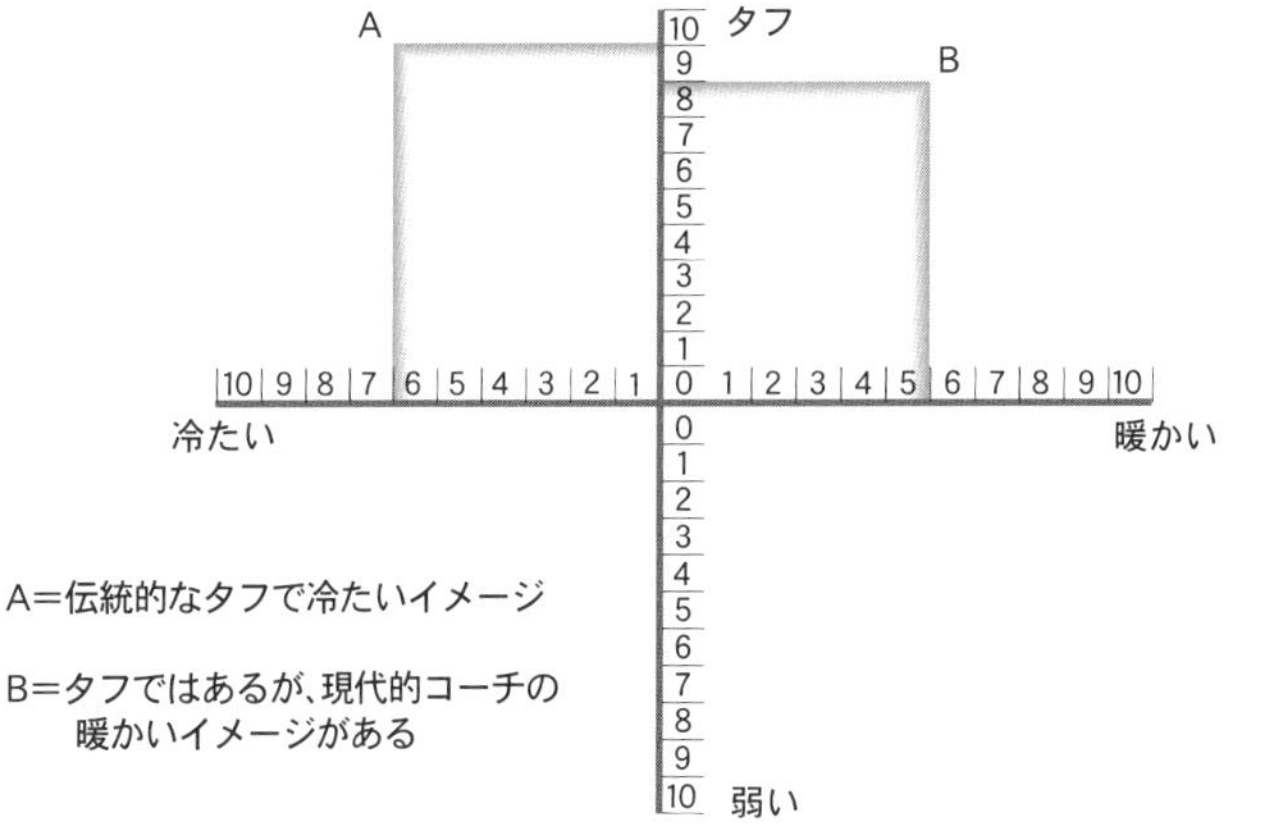

図11.1 自分のコーチングスタイルを判定するため，縦と横の軸の点数（1が最も低く，10が最も高い）が交差する箇所にマークする。

チは暖かく、優しい雰囲気を持つことが望ましいと思われる。こういう場合、若い女性のコーチが適しているかもしれない。**図11・1**は、単純だが、自分のコーチングスタイルを知るなかなか面白い方法である。しかし、より正確に知りたい場合は、次項に示す3つの点を参考にするとよい。

現代のコーチングへの鍵

Keys to Modern Coaching

もちろん、現代的コーチング哲学と練習方法を実践し、ポジティブな熱意を示し、自分を強く信じ、選手を公平に扱い、選手を信じる気持を表し、常に各選手の努力を認めるコーチは何人もいる。このようなニューリーダーたちは選手がのびのびとプレイできる環境を作っている。状況が厳しくなればコーチが助けてくれることを知っているので、選手たちは自分のパフォーマンスに責任をもって自由にプレイするのである。

このような目標を達成させるには、現代のコーチは**ビジョンを描き、選手が成長できるようにし、選手に権限を与える**プロセスを進めていかなければならない。

◆ ビジョンを描く

自分が納得できないビジョンや夢中になれないビジョンに対する責任を選手が受け入れることはない

だろう。一生懸命練習すれば達成できるビジョン、全員が本気になれば達成できるチームの目標、そしてその課題を達成したあかつきに与えられる報酬をチームに提示することが、コーチにとって最も大切な仕事である。バスケットボール界の偉大な2人の人物がこのコーチの役割について述べている。ビル・ブラッドレイ（1998）は、「リーダーシップとは、あなたがいなければ考えたり、信じたり、見たり、したりしなかったことを人々にさせることである」と述べている。フィル・ジャクソン（ジャクソンとデレハンティー 1995）は、「コーチのリーダーシップの鍵となるのは、実力以上のものにコミットさせることである」と書いている。

現代のコーチは、達成の難易度と可能性をほどよくミックスした目標を設定するように十分気を配るべきである。

プレミアリーグ所属のダービー・カウンティーにとって最もエキサイティングなチャレンジは、リーグチャンピオンになるという目標を達成することだろう。しかし、このビジョンを実現させることは相当難しいので、チームの気持を熱くさせるどころか、逆に冷めさせてしまう可能性があった。そこでダービーのコーチと選手は、シーズン前のトレーニングキャンプでメインとなる4つの目標を設定した。これらはシーズンが進むにつれて全員に伝えられていった。

1. **必ずリーグに残る（下位3チームはリーグ落ちとなる）。**
2. **カップ戦でよい戦いをする。**

3. 順調にいけば、上位6位以内を確保し、UEFAカップの出場資格を得る。
4. 順調にいけば、優勝を狙う。

過去3シーズン、ダービーは1番目の目標は必ず達成させた。2番目の目標は2度達成し、3つ目の目標にたどり着くことはできず、4つ目の目標には近づくことさえできなかった。選手やコーチは積極的にこれらの目標に真剣に取り組み、シーズン中定期的に目標達成度がチェックされ、再提案されていた。報酬はリーグに残れたという満足感と、より難しい課題に挑戦した興奮と喜びを味わえたことである。チームが底力をつけていくにつれ、全ての目標にまい進するエネルギーを貯えていった。

現代のコーチは、実力を最大限高めるように努力させることで個々の選手のやる気を出させる。指導者としてのコーチは、最高の学習環境、フィードバック、観察、そして強化を確実に選手に与えなければならないのである。

メディアの前であろうと、チームのミーティングであろうと、1対1の面接であろうと、現代のコーチは選手を鼓舞するコミュニケーターである—つまり、ビジョンを伝えることで若い選手たちの気持を熱くし、成功への厳しい道のりを一緒に旅することに挑ませる話術師なのである。

◆可能にさせる

コーチングとは選手を新しい場所へ導くことである。コーチがビジョンを与える場合、その旅に耐えられるだけの力を選手に確実につけさせておかなければならない。それを可能にするプログラムは、各選手の強い部分と弱い部分の観察に基づいて立てられる。そして、上達を目指したそのアクションプランは後のミーティングで了承されなければならない。コーチが注意を向けてくれるのは選手にとって嬉しいことである。スター選手とは普通の選手の7倍も話をするコーチがいるという調査結果もある。より多くの選手と定期的にコミュニケーションをとることだけで、チームのモチベーションをすぐにでも高められるかもしれない。

選手は自分のアクションプランを管理すべきである。「自分ではどの程度できていると思うか？」という質問をもとに選手と話し合うことで、コーチは選手が自分自身を再検討する手助けができる。こうすることで、過ちや失敗はビジョンへの道のりの一部だとする学習環境を作り上げることができる。

最良のコーチとは、人々を生涯学習者に育てる者のことである。そのようなコーチは、子供たちがやりたいことやなりたいものに近づくための行動を支援する。ここで重要なのは、コーチの視点に立って全てを指示するのではなく、完全に選手をコントロールしないようにすることである。（トンプソン　1995）

ダービー・カウンティーで設定した学習環境には次のような特徴がある。

- **目的がはっきりしている──全てのことがビジョンを達成させるためにデザインされている。**
- **できるだけ選手を飽きさせないで行う厳しい反復練習。**

●練習を重要視する――「試合の運命は練習で決まる」。
●全てを包括する――身体的、技術的練習だけではなく、選手が心理的、感情的、ライフスタイル的にもきちんと対処できるようにトレーニングする。
●フィードバックが全て。選手を隔離しない。コーチの仕事で重要なのは、支援的で正直で建設的な批評を与えることである。
●選手には常に〝ベストの練習〟をさせ、憧れを抱かせるようなポジティブなイメージ（大抵はビデオを利用）を与える。
●スタッフでは対応できない援助を選手が必要とした場合、躊躇なく手配して提供する。

◆権限を与える

現代の選手は、支配するのではなく促して行動させなくてはならない。自分で判断し、自分の運命を自分でコントロールすることを選手は好む。これまで手本にしてきたのは伝統と古い文化を尊ぶ権威的指導者であることが多いので、このようなやり方に抵抗を感じるコーチも少なくないだろう。権限の手綱を緩めるには、強い信念と強固なアイデンティティーを持つしっかりした人格者でなければならない。

一方ではコーチが権力を乱用し、もう一方では選手の権限が過大になっているというジレンマがある。その中間でバランスをとるのが解決策になるだろう。ダービーでは、選手を中心にしながらコーチがリードする組織を作ろうと努力した。それにはフィールドの内外で努力しなければならなかったが、チームの共有意識が選手を自発的に頑張らせたのである。共有意識が持てる環境作りにコーチやチームがどの程度貢献しているかは、**表11・2**を用いてチェックすることができる。

表11.2 新しいコーチングとリーダーシップ

チームがどの程度結束しているかを評価する質問例（1の「全くあてはまらない」から5の「とてもあてはまる」の間で選ぶ）。合計点が高いほど望ましい。

	あてはまらない				あてはまる
チームは短期目標と長期目標を正確に理解している	1	2	3	4	5
チームメンバーは自由に本音を語り、それを聞いてもらえる	1	2	3	4	5
チームメンバー全員がチーム内での自分の役割をしっかり理解している	1	2	3	4	5
全員が自分のベストを発揮する機会を与えられる	1	2	3	4	5
チームメンバーはお互いを尊敬し励まし合う	1	2	3	4	5
全ての人間関係とチームへの支援は建設的である	1	2	3	4	5
可能な限り、押しつけではなく同意によって物事が決められる	1	2	3	4	5
チーム内の出来事は常にメンバーに知らされている	1	2	3	4	5
チーム内での非建設的な口論はほとんどない	1	2	3	4	5
全ての達成事項は認識され、誉め称えられる	1	2	3	4	5
総合得点（最高50点）					

COLUMN

●ライオンズの規則

ブリティッシュ・ライオンズというラグビーチームが1997年に南アフリカ遠征に出かけたときのことを中心にして、イアン・マックギーハンとジム・テルファーが現代の全体論的コーチングに関するセミナーを開いた──コーチにはとても参考になるビデオである。選手にはビジョンが与えられ、それを達成させるための下準備がなされ、全てのステップに対して自分で判断する権限が与えられたのである。共有意識を持つためのこのプロセスを選手たちはしっかりこなしていったので、チームは遠征での目標を全て達成させ、相手国で世界チャンピオンに勝ったのである。

選手とコーチたちは、1週間のチームビルディングプログラムに積極的に取り組んだ。このプログラムではラグビーという厳しい競技を乗り越えるために一致団結して努力しなければならなかったのである。このプログラムの中から個人やチームを成功に導く言葉がいくつかリストアップされた。そしてそれらの言葉がライオンズの規則になった──遠征に参加している人全員のコミットメント、心構え、行動を促す合言葉である。勝者がリストの真っ先に挙がっているが、他の言葉は現代の選手がコミットできる事柄を示している。

ライオンズの規則──遠征での合言葉

- ●勝者
- ●正直
- ●最高の基準
- ●楽しさ
- ●努力（自分とチーム）
- ●ポジティブ
- ●熱意
- ●建設的
- ●アイデンティティー
- ●団結
- ●献身
- ●コミット
- ●凝集性
- ●柔軟性
- ●サポートする
- ●尊重（個人のスペース）
- ●信頼
- ●時間厳守
- ●オープンさ
- ●批判しない

最終的に、最もモチベーションを高めるのは選手の勝ちたいと思う気持である。チームスポーツでは、選手が皆で勝ちたいと思う気持によってモチベーションは高まる。モチベーションを高める最良の方法は、学ぶ環境、そして勝つ環境を作り出す過程で、できるだけ選手の自主性にまかせることである。

コーチは選手がチームの計画に従うように説得できない場合や、コーチが脅しに頼るようであれば、選手たちの気持はチームから離れ、より深く自分の目標にのめり込んでいくだろう。第10章で〝私病〟

に関するパット・ライレイ（1993）の警告を図解した。フィル・ジャクソン（ブラッドレイ1998から引用）は、わがままな態度でチームの結束を崩してしまった選手の話を紹介している。試合終了後選手がロッカールームに戻ると、ジャクソンコーチは選手に「この男に何か言うことがあるだろう」と言って部屋を出て行ったという。彼はチームに権限を与えて、チームメイトからのプレッシャーによってその選手の自発的努力を促そうとしたのである。

Summary まとめ

本書では、卓越性を求め、完成された選手になり、成功を収めるチームの一員になることを探求していく中で、選手やコーチが心理的、感情的スキルを動員することを勧めてきた。現代の試合や現代の選手に求められる事柄は刻々と変化していることから、伝統的な専門技術的コーチングから全体論的コーチングに移行する時期にさしかかっていることがわかる。全体論的な方法では、最高のものを追い求める旅路をコーチと共に歩むことができるように、ビジョン、可能性、権限までもが選手に与えられるのである。

コーチは、チームの雰囲気を変えるため、ポジティブな心構えへのアクセスを獲得するため、ネガティブからポジティブに変える力を得るため、信念を抱くため、そして自信過剰を恐れる気持を持ち続けるための哲学とスキルを身につけなくてはならない。

加藤久のメンタルTips

コーチには、常に同じことを繰り返す根気が必要だ

この章の「現代のコーチングへの鍵」の中で、著者は、コーチがポジティブな熱意を示すこと、自分を強く信じること、選手を公平に扱い、選手を信頼している気持を示して、さらに各選手の努力を認めることの重要性を指摘しています。そして、その具体的な方法として、まずビジョンを描くことをあげています。

チームにビジョンを示すこと、これを元日本代表監督だったハンス・オフトは〝ピクチャー〟という言葉で表現していました。どういうサッカーがしたいのか、どのように攻めるのか、どのように守るのか、選手とコーチとが同じ絵＝Pictureをもっていなければならないということです。

コーチの脳の中にあるピクチャーを、選手の脳の中にプリントするのは非常に根気のいる作業です。コーチはまず、自分の考え方をミーティングで示します。言葉で、あるいはボードに図を書いて、あるいはパソコンやビデオを使った動画で示すこともあります。ここまでのプロセスは、選手にとってはあくまでも頭の中の作業です。次にグラウンドに出て、そのプレーを練習します。ミーティングルームで頷いていた選手が、それをグラウンドで表現できるまでには時間がかかります。

頭でわかっているつもりでも、それが動きとして表現されると、頭の中のピクチャーが違っていたということがあるからです。また、ミーティングのときに、話をよく聞いていない選手がいるかもしれません。

こんなことがありました。私が今日の練習の目的はこれで、このような練習をやると説明していたときのことです。私は、1番前の席で頷きながら話を聞いていた選手に「今、私が何を言ったか言ってごらん」と言いました。するとその選手の顔はみるみるうちに赤くなり、何も答えることができなかったのです。目は確かに私の顔を見ていたし、言葉に頷いていた選手が、直前に言った私の言葉を言えなかったのです。私は、つくづく選手とピクチャーを共有することが、大変な作業だと思い知らされました。

また、練習でうまくいっても、試合でそれがうまくいくかどうかはわかりません。なぜなら、相手選手は、こちらの望むようには反応しないかもしれないからです。試合のときに、うまくいかなかったらどうするかということのピクチャーも準備しておかなければなりません。

「コーチの仕事とは何ですか?」。イングランドの指導者にそう聞いたら、答えがこう返ってきました。「リピート、リピート、リピート!!」

監訳者あとがき

どのスポーツにおいても、昔から心・技・体の重要性は叫ばれている。なかでも特に必要なものが心の問題であることは誰しも承知している。しかし、具体的にどのように心の問題を解決するかに関しての対策は試行錯誤による経験に頼らざるを得ない場合が多かった。最近になってメンタルトレーニングが普及し、競技選手の多くが練習のなかに位置づけるようになってきた。

いち早くメンタルトレーニングの組織的な取り組みを始めたのが米国であり、1976年のモントリオール五輪の不振でエリートアスリートプロジェクト（USOC）が動き始めた。ロス五輪ではその成果を遺憾なく発揮した。すでに水泳、陸上、テニス、野球、バスケット、ゴルフなどのメンタルトレーニングの書物が発刊され、現場に生かされている。

日本においても勿論、精神面の重要性が強調されながら東京五輪では射撃、体操、水泳で臨床心理学的な手法を用いて「あがりの対策に関する研究」が行なわれるものの、日本独特の「根性論」が囃し立てられた。1984年のロス五輪の不振が大きな引き金になって、メンタルマネジメント研究プロジェクトが編成され、「スポーツ選手のメンタルマネジメントに関する研究」がチームスポーツ、ジュニア選手、冬期種目などを対象として実施され、特にオリンピック選手の心理的サポートが積極的に行なわれた。2001年には国立スポーツ科学センターがオープンし、国際競技力向上のための拠点となって、サポートシステムが始動し、徐々に成果をあげつつある。

また2000年には日本スポーツ心理学会認定のスポーツメンタルトレーニング指導士資格が発足した。この資格を持った指導士は今後競技選手の心理的サポートをしていくうえで重要な役割と責任を担うことになるだろう。

ちょうどその時期に東京工業大学大学院社会理工学研究科博士課程在学の元サッカーの日本代表選手、元Jリーグ「ヴェルディ川崎」の選手、そして監督経験をもつ加藤久氏とともに研究にあたる機会を得た。コーチングに科学的な知見を取り入れる必要性は十分理解しているつもりであったが、彼との研究を通しての交流のなかで最も学ぶことができたのは、実践を通しての科学の重要性であった。

その過程で、ビル・ベスウィック著「Focused for Soccer DEVELOP A WINNING MENTAL APPROACH」というサッカーのコーチングにおいてメンタル面をきわめて具体的に著した本に出会い、大きなインパクトを受けた。彼はバスケットのコーチを長年経験しながらスポーツ心理学を学び、イギリスでのサッカーの心理コンサルタントとして活躍したコーチでもある。我々はそこで、この著をぜひ翻訳したいと考えた。さらに本著の具体的な各章の内容に加えて、それぞれに対応して加藤氏が経験して得られた教訓を語ってもらうことにした。サッカーを愛好するまたトップを目指される指導者ならびに選手の方々にぜひ愛読されることを願う。この著書は競技力の向上ならびに人間的な成長のために必ず役に立つと確信している。

なお、本書に登場する選手や指導者の所属や肩書きは、原著の執筆時点のものであり、現在のものとは異なる場合があることを付記しておく。

この翻訳書の出版には、大修館書店編集部の平井氏と、浦田氏、日高氏に大変お世話になり、その御指導・御尽力によるところが大きい。この場を借りて心からお礼を申し上げたい。また翻訳に関しては原理保氏に並々ならぬ御協力を得た。あわせて感謝する次第である。

２００４年２月20日

石井源信

❖著者紹介
Bill Beswick（ビル・ベスウィック）

イングランドプロサッカー界初の専任スポーツ心理学コンサルタントとして活躍。教育学の修士号を持ち、イングランド男子バスケットボールチームのヘッドコーチという経歴も持つ。

過去4シーズン、イングランドプレミアリーグのダービー・カウンティー・フットボールクラブでサポートを行う。イングランドサッカー協会はダービーにおける彼の功績を認め、初めてナショナルチームのスポーツ心理コンサルタントとして迎え入れる。

全てのスポーツで応用スポーツ心理学が活用されることを目指す「スポーツマインド」という会社のオーナー兼社長を務めている。また、Association for the Advancement of Applied Sport Psychology というアメリカの応用スポーツ心理学会の中心的メンバーでもある。

❖監訳者プロフィール

❖石井　源信（いしい　もとのぶ）

1947年生まれ、広島大学卒、東京教育大学大学院修士課程修了。東京工業大学大学院社会理工学研究科教授を2013年定年退職。東京工業大学名誉教授、博士（学術）

主な著書として、共著「スポーツメンタルトレーニング教本」（大修館書店）、「スポーツ心理学の世界」（福村出版）、編著「現場に活きるスポーツ心理学」（杏林書院）

主な選手歴として学生時代アジア選手権日本代表、全日本総合３位、全日本社会人準優勝、全日本教員選手権優勝、国民体育大会１部、２部優勝、全日本シニア45準優勝

資格：日本体育協会公認上級コーチ（ソフトテニス競技）、スポーツメンタルトレーニング名誉指導士

❖加藤　久（かとう　ひさし）

1956年生まれ、早稲田大学卒、筑波大学大学院修士課程修了、早稲田大学助教授を経て、東京工業大学大学院社会理工学研究科人間行動システム専攻博士課程修了、博士（学術）、現在、ジュビロ磐田ゼネラルマネージャー

著書は、「最新サッカー入門」（小学館）、「ひとりの集団―個性を束ねて勝つ」（講談社）、「スポーツ心理学ハンドブック」分担執筆（実務教育出版）など

主な選手歴：サッカー日本代表主将、Ｊリーグでは、ヴェルディ川崎、清水エスパルスに所属

指導歴：日本サッカー協会強化委員会委員長、ヴェルディ川崎監督、湘南ベルマーレ監督など

サッカーのメンタルトレーニング
 NDC783 301p 19cm

初版第1刷——2004年3月20日
第6刷——2016年9月1日

著者——ビル・ベスウィック
監訳者——石《いし》井《い》源信《もとのぶ》／加藤《かとう》久《ひさし》
発行者——鈴木一行
発行所——株式会社大修館書店
〒113-8541 東京都文京区湯島2-1-1
電話 03-3868-2651（販売部）03-3868-2299（編集部）
振替 00190-7-40504
[出版情報] http://www.taishukan.co.jp

装丁・本文デザイン——中村友和
表紙・本文写真——株式会社スタジオ・アウパ
印刷所——壮光舎印刷
製本所——三水舎

ISBN978-4-469-26539-2 Printed in Japan